世紀
人物100

黑水溝 的 領航者

鄭成功

姜天陸　著

三民書局

獻給孩子們的禮物

主編
的話

　　世界上最幸福的孩子，是他們一出生就有機會接近故事書，想想看，那些書中的人物，不論古今中外都來到了眼前，與他們相識，不僅分享了各個人物生活中的點滴，孩子們的想像力也隨著書中的故事情節飛翔。

　　不論世界如何演變，科技如何發達，孩子一世幸福的起源，仍然來自於父母的影響，如果每一個孩子都能從小在父母親的懷抱中，傾聽故事，共享閱讀之樂，長大後養成了閱讀習慣，這將是一生中享用不盡的財富。

　　三民書局的劉振強董事長，想必也是一位深信讀書是人生最大財富的人，在讀書人口往下滑落的多元化時代，他仍然堅信讀書的重要，近年來，更不計成本，連續出版了特別為孩子們策劃的兒童文學叢書，從「文學家」、「藝術家」、「音樂家」、「影響世界的人」系列到「童話小天地」、「第一次」系列，至今已出版了近百本，這僅是由筆者主編出版的部分叢書而已，若包括其他兒童詩集及套書，三民書局已出版不下千百種的兒童讀物。

　　劉董事長也時常感念著，在他困苦貧窮的青少年時期，是書使他堅強向上，在社會普遍困苦，而生活簡陋的年代，也是書成了他最好的良伴，他希望在他的有生之年，分享這份資產，讓

下一代可以充分使用，讓親子共讀的親情，源遠
流長。

「世紀人物 100」系列早就在他的關切中構
思著，希望能出版孩子們喜歡而且一生難忘的
好書。近年來筆者放下一切寫作，接下這份主
編重任，並結合海內外有心兒童文學的作者
共同為下一代效力，正是感動於劉董事長致
力文化大業的真誠之心，更欣喜許多志同道合的朋友，能與我一起
為孩子們寫書。

「世紀人物 100」系列規劃出版一百位人物故事，中外各占五
十人，包括了在歷史上有關文學、藝術、人文、政治與科學等各行
各業有貢獻的人物故事，邀請國內外兒童文學領域專業的學者、作
家同心協力編寫，費時多年，分梯次出版。在越來越多元化的世界
中，每個人都有各自的才華與潛力，每個朝代也都有其可歌可泣的
故事，但是在故事背後所具有的一個共同點，就是每個傳主在困苦
中不屈不撓，令人難忘的經歷，這些經歷經由各作者用心博覽有關
資料，再三推敲求證，再以文學之筆，寫出了有趣而感人的故事。

西諺有云：「世界因有各式各樣不同的人群，才更加多采多姿。」
這套書就是以「人」的故事為主旨，不刻意美化傳主，以每一位傳
主的生活經歷為主軸，深入描寫他們成長的環境、家庭教育與童年
生活，深入探索是什麼因素造成了他們與眾不同？是什麼力量驅動
了他們鍥而不捨的毅力？以日常生活中的小故事，來描繪出這些人

物，為什麼能使夢想成真。為了引起小讀者的興趣，特別著重在各傳主的童年生活描述，希望能引起共鳴。尤其在閱讀這些作品時，能於心領神會中得到靈感。

　　和一般從外文翻譯出來的偉人傳記所不同的是，此套書的特色是，由熟悉兒童文學又關心教育的作者用心收集資料，用有趣的故事，融入知識，並以文學之筆，深入淺出寫出適合小朋友與大朋友閱讀的人物傳記。在探討每位人物的內在心理因素之餘，也希望讀者從閱讀中，能激勵出個人內在的潛力和夢想。我相信每個孩子在年少時都會發呆做夢，在他們發呆和做夢的同時，書是他們最私密的好友，在閱讀中，沒有批判和譏諷，卻可隨書中的主人翁，海闊天空一起遨遊，或狂想或計畫，而成為心靈知交，不僅留下年少時，從閱讀中得到的神交良伴（一個回憶），如果能兩代共讀，讀後一起討論，綿綿相傳，留下共同回憶，何嘗不是一幅幸福的親子圖？

　　2006 年，我們升格成為祖字輩，有一位朋友提了滿滿兩袋的童

書相送，一袋給新科父母，一袋給我們。老友是美國國家科學院院士，曾擔任過全美閱讀評估諮議委員，也是一位慈愛的好爺爺，深信閱讀對人生的重要。他很感性的說：「不要以為娃娃聽不懂故事，我的孫兒們一出生就聽我們唸故事書，長大後不僅愛讀書而且想像力豐富，尤其是文字表達能力特別強。」我完全同意，並欣然接受那兩袋最珍貴的禮物。

因為我們同樣都是愛讀書、也深得讀書之樂的人。

　　謹以此套「世紀人物 100」叢書送給所有愛讀書的孩子和家庭，以及我們的孫兒——石開文，他們都是世界上最幸福的孩子，因為從小有書為伴，與愛同行。

聽聽他們的聲音……

時間：1652年
漳州城內一個中年生意人

　　現在是永曆六年的八月底。

　　我希望我的後代永遠不要忘了這一年。但是，我還會有後代嗎？我的家人都餓死了，我的母親、妻子以及兩個孩子。

　　誰叫我們活在這個時代，一個腐敗和血腥的時代。

　　當我十五歲時，我就知道，我們的明朝神宗皇帝已快三十年沒有上朝，他派宦官到各地搜括各種珠寶、錢財和土地。他覺得當一個皇帝，還不能滿足他的欲望。他想要吞下整個世界。對於我們遭逢連年大旱與海盜的危害，他毫不關心。

　　因此，當二十幾年前，李自成等農民兵起來反抗朝廷時，我充滿了期待。可是，那個李自成攻進北京城時，露出他強盜的猙獰面目，只知燒殺搶掠，只想做皇帝，他變成另一個腐敗的明神宗。

　　接著，我又聽說滿清的多爾袞入關時「定亂安民，共享太平」的美譽，我以為，也許這個異族能解救我們。可是，過不了幾個月，我就見識到滿清人的殘酷，當他們的大軍進攻揚州城時，姦淫劫掠，肆意屠殺，據說殺死了八十餘萬人。因此，當漳州投降清軍時，我唯一慶幸的是漳州沒有殺戮。

　　但是，我高興得太早了。

　　今年四月，鄭成功想要攻下這座城，他先派大軍攻了幾天，攻

不下，就命令大軍緊緊圍住我們的城牆。鄭軍築起
營柵，圍得連鳥都飛不過去。到了五月
時，鄭軍把支援的四千多名清軍也趕
進城裡來了。

其實，我們城內並沒有存糧，整個
城被圍住後，幾十萬人的食物哪裡來呀？

鄭成功當然知道，他就是要圍死這些清
軍，至於我們老百姓呢，只能一起陪葬了。

六月時，我們把能爬的動物都吃完了，
也把附近的樹根、樹葉都吞進肚子裡，我的
兩個孩子早就餓得只剩骨頭了。到了七月初，我看到孩子們刨著泥
土往嘴裡塞，我想要阻止他們，但是，我拿什麼給他們吃呢？隔天
早上，我叫不醒他們，我只能緊緊的抱住他們，我想要哭，但是，
我已經沒有力氣哭了。

到了七月底時，這個城內已經到處屍臭，我常常分不清這裡是
人間還是地獄，所以，當我的母親和妻子餓死時，我甚至以為她們
離開地獄了。

現在，這個城內幾乎沒有人類的聲音，只有偶爾一隻飛鳥急鳴
而過，我不知道鄭軍還要圍多久……。

時間：1671年

臺灣中部一個流浪的番婦

　　我最近常常會想起故鄉，我是沙轆番社的人。我們沙轆番社是屬於大肚王統領的一個番社。

　　我還小的時候，聽父親講過，大肚王幾乎統領這條大肚溪附近的番社，最多曾有二十七個部落呢！父親說，臺灣再也沒有比大肚王國更大的王國。

　　那時我就問過父親：「那南方紅毛的荷蘭人呢？他們的王國比我們的大嗎？」

　　父親拍拍胸脯說：「當然是我們大肚王國大呀！」

　　可是，當我十歲的某一天，荷蘭軍隊帶著長槍，出現在部落裡，開槍射擊我們的族人時，我們很快就投降了。我們的大王只好到荷蘭人的大員去開會，和他們訂約，表示我們臣服。但是，我們的大王不允許荷蘭人的基督徒住到我們的部落，僅僅答應讓荷蘭人借用道路通過。

　　就這樣，我們和荷蘭人信守約定，沒有互相侵犯。

　　到了我二十七歲時，我們忽然聽說來自大海另一邊的鄭成功軍隊正在打荷蘭人。那一年，有幾個鄭軍到大肚王國的土地，凌虐大肚王的社民，大肚王的一

個頭目嚥不下這口氣，就起來和鄭成功的軍隊作戰。後來，鄭軍越來越多，最後打敗了大肚王，卻沒使大肚王國屈服。尤其最近這幾年，鄭軍常常侵占南方其他部落的土地，而且一再要求各部落繳納各種稅，更讓我們不肯投降。

去年，從南方坐船來的鄭成功的部將，帶著軍隊到我們沙轆番社來勸降，我們的頭目當然拒絕了。這一次鄭軍又殘酷的對我們的部落展開攻擊，我們全軍覆沒，村民被無情的屠殺。我驚嚇得逃到雜樹林中躲起來，幾天後，再回到沙轆部落時，只看到村落裡血跡斑斑，卻沒有人了。

我不敢再留下來，只好離開了故鄉，到處流浪。後來，我聽別的部落的人告訴我，我們沙轆原來的數百人都已被殺死，只有六個人逃到海邊，不知道躲到哪裡去了。

我最近每天都會想起故鄉，我是沙轆番社的人。

寫書的人

姜天陸

出生於嘉南平原的鄉下，到三歲時因為遲遲不會講話，曾被父母懷疑是啞巴，原來他是滿腦袋的胡思亂想，不想浪費力氣開口說話。十五歲後，曾沉迷於世界文學名著，常常讀到三更半夜。二十五歲開始寫作，擅長小說，偶爾也寫童話和文史類的書。運氣好時會矇到文學獎，現在年過四十五，白天教書，晚上寫作。

黑水溝的領航者

鄭成功

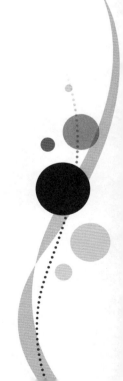

世紀人物 100

鄭成功

1624～1662

1 海上歸來

大海蒼茫。

一隻小燕鷗飛來船上，停在眼前的船舷上，七歲的鄭成功站在甲板上，望著這隻小燕鷗。

一陣大浪擊來，小燕鷗全身沒入浪頭，牠的翅膀被海浪濺溼了，牠卻動也沒動，亮著眼睛注視著鄭成功。

「今天的風浪好大，你累了吧？你在找媽媽嗎？」鄭成功對小燕鷗說。

小燕鷗啄了一下翅膀，返身看看蒼茫無盡的大海。忽然，牠振翅，逆風飛起，牠被狂風甩上了高空，繞了一圈，像一顆小浪珠，向前彈去，馬上就消失在蒼茫的海面上。

「大海的盡頭在哪裡呢？」鄭成功對著滿是白沫的大海發出讚

嘆：「小燕鷗究竟憑著什麼能活下去呀？牠的媽媽呢？」

想到了媽媽，鄭成功的心裡不禁一沉。

就在這一天早上，鄭成功緊抱媽媽田川松，在眾人千催萬趕下，淚眼汪汪的上船離開日本，離開了他生活七年的平戶河內浦千里濱。

七年來，母親不只一次的提起父親的種種……

鄭成功的父親鄭芝龍是中國福建人，他從少年時就很調皮，不喜歡讀書，雖然鄭成功的祖父希望他好好讀書，參加科舉考試，可是，父親就是對那些四書五經沒有興趣。到了十八歲，父親離開故鄉，跑到澳門投靠他繼母的兄弟黃程，尋求發展。黃程那時已是著名的海商。

父親到了澳門，發現那裡有

很多外國人。

他問黃程怎樣才能和外國人做生意。

黃程回說：「先學習他們的語言，才能了解他們的文化與需求，知道他們的需求後，才能做他們的生意。」

父親又問：「可是，我沒有和他們住在一起，怎麼學習他們的語言呢？」

「去信天主教吧！教會裡的神父會很有耐心的教你外國語。」

因此，父親信仰了天主教，學會葡萄牙語，也幫黃程做起了外國人的生意。

鄭成功的父親二十歲那一年，押著貨船到日本長崎，暫留在長崎。後來，又遷去平戶，就在平戶，父親和母親田川松結婚。

婚後的父親，仍為了生活，跟著商船流浪各地。到了明朝的

天啟四年（1624年）七月十四日那一天早上，已懷胎十月的田川松和隨侍的下女來到千里濱散步，她彎腰撿拾海岸邊的文貝，只一下子，突然感到肚子十分疼痛。

「一官＊，我們的孩子將來到這世上了！」田川松望著海上，希望丈夫的商船會出現。可是，丈夫與商船都沒有出現。

田川松來不及回家生產，就在一塊巨石間，生下了鄭成功。

幾天以後，鄭成功的父親回來了，看到鄭成功五官端正，模樣可愛，就高興的為他取了一個日本名字「福松」，鄭芝龍取這個名字時說：「這孩子是由『福』建來的鄭芝龍和田川『松』兩人結合而生的。」

父親本來想留在日本發展，

＊鄭芝龍的小名叫「一官」，他所經營的武裝海商集團就名「一官黨」。

但是，中國來的漢人各有勢力，加上又有歐洲各國的競爭，所以他拋妻棄子，到臺灣發展。

小時候，鄭成功常問起為何沒看到父親，母親田川松總是回答說：「你父親在海上。」

鄭成功便在田川松的照顧下漸漸成長。田川松是一個堅毅的女性，很重視鄭成功的教育。六歲時，她就讓鄭成功到花房老師家學習漢學和劍術。花房老師對學生的要求很嚴格，也很重視學生們互敬互愛的精神。當鄭成功要回中國時，花房老師還特別集合了武館中的弟子為他餞別，叫鄭成功種了一株椎樹，留作紀念。

花房老師說：「希望這棵椎樹能茁壯常綠，我們就能夠見樹思人。」*

鄭成功站在甲板上，乘著強

勁的海風，望著遠方逐漸浮現的地平線，心中不禁又驚又喜。他即將見到久違的父親，可是，他對父親卻是陌生的。

其實，有一些關於鄭芝龍的事，是田川松沒說的。

這時鄭芝龍已是東南沿海勢力最大的海商兼海盜。

更早之前，鄭芝龍離開日本，到臺灣笨港＊來投靠顏思齊，顏思齊當時除了到福建沿海打家劫舍外，也開始拓墾荒地，還透過荷蘭人進口水牛，以利耕作，但是由於缺水，收成並不好。

鄭芝龍一到，顏思齊就想：「聽說這鄭芝龍很會做買賣，還

放大鏡

＊真的如大家所願，現在日本平戶中學運動場，有一株老椎樹，盤根錯節，樹邊立著一塊紀念碑，寫道：「鄭森往昔在壺陽，講武修文練鐵腸；此樹當年親手植，到今蟠踞鬱蒼蒼。」詩中提到的鄭森就是鄭成功的本名。

＊**笨港** 約在現在雲林縣北港鎮和嘉義縣新港鄉之間。

讀過一些書，我這裡就是缺少這種人才，真是太好了。」

鄭芝龍馬上就提出了以笨港為中心，來經營海上貿易的想法，他認為臺灣是日本和南洋各國之間的航運中樞，理應有這樣的條件，這樣獨到的見解也馬上獲得顏思齊的認同，怎奈付之實行後，卻因各國勢力介入，受到打壓，始終無法成功。

最後，鄭芝龍和顏思齊又幹起了海盜的勾當。

某一天，顏思齊和全體幹部去打獵，野宿山中，當夜飲酒狂歡，顏思齊在大醉一場後，卻突然暴斃。

不久，鄭芝龍就被推舉為領袖。

鄭芝龍當上領袖後，開始發揮他卓越的組織領導能力，他建構組織、充實糧餉、趕造器械。接著變本加屬的幹起了海盜的勾

當，讓明朝官府疲於應付，以至於大家都稱他「東海霸王」。

田川松對丈夫走上海盜這一途，並不諒解。鄭芝龍偶爾回日本，田川松總是苦口婆心的勸他。

鄭芝龍總有理由：「我的故鄉福建地狹人稠，明朝又這麼腐敗。如果我們沒有冒險到海外謀生，早就餓死了，既然要生存，就要不擇手段。」

「可是……殺人搶劫，難道是生存的唯一手段嗎？」

「如果我有更好的出路，我也不願如此，將來有一天，也許我會找到其他的路吧！」

到了崇禎元年（1628年），鄭芝龍擁有的船已有千艘之多，勢力龐大。束手無策的明朝巡撫熊文燦想：既然無法消滅鄭芝龍的海上勢力，不如招撫他。於是向鄭芝龍釋出善意，鄭芝龍答應先建立

功勞後，再歸順朝廷，但心中卻另有盤算。隔年，海盜李魁奇大舉侵犯金門，熊文燦拜託鄭芝龍趕緊打退李魁奇。鄭芝龍馬上親自率領船隻，在金門料羅灣痛擊李魁奇。這一年七月，熊文燦派人招撫鄭芝龍，鄭芝龍也就歸順朝廷，被封為海防游擊，閩、浙、廣東沿海的防衛都歸他管轄，其實，他是利用這一個合法地位壟斷沿海貿易，並剿滅對手，保障旗下走私活動，可以說是黑白通吃。

　　就在鄭芝龍富可敵國，盡享榮華富貴的時候，他想到長久以來住在日本的鄭成功，是該回到中國接受教育了。於是，他派人接回了鄭成功。

　　鄭成功回到中國後，就住在福建沿海的安平。

2 動盪時代

　　初回中國，鄭成功對周圍的環境感到既陌生又新奇。福建的氣候遠比日本溼熱，鄭家總是人來人往，空氣中瀰漫著熱鬧的氣氛，周圍的人事較隨性，少了在日本生活時的繁禮褥節。

　　鄭成功休息了幾天，鄭芝龍就叫他到議事廳來。

　　父親見到聚少離多的兒子，連話語都變溫和了：「會想你母親嗎？」

　　鄭成功點頭。

　　鄭芝龍說：「這幾年來，我一直透過各種關係，希望能將你們母子接回國，偏偏日本幕府卻以施行鎖國令，嚴禁日本婦女出境為理由，拒絕讓你們出境。」

　　鄭芝龍嘆了一口氣，繼續說：「這一次我可是軟硬兼施，動

用了四十艘戰艦包圍長崎港外海，又送了許多金銀財寶，好不容易才說服日本官方讓你回國。至於你母親，他們怎麼也不肯放人。唉！日本人真是固執，永遠是說一不二的，哪像我們中國人，只要我紅包送到了，哪有不能辦的事呀！官府不就是我鄭家養的狗嗎？哈哈！」

鄭成功沉默著，他對父親的霸氣有點不習慣。

「你是鄭家的長子，」鄭芝龍見到兒子這麼俊秀，心裡滿是疼愛：「鄭家以後就看你了，以後你就用『森』這個名字吧！我希望你像森林中的大木一樣，有所作為。我年輕時不喜歡讀書，現在雖然當了都督，但是那些科舉出身的小官，背後還會偷偷的笑我！人要是沒有功名，就是憾事，你就好好讀書吧！依我的關係，只要你考個舉人，將來不怕

沒出路的。」

　　隔天，鄭芝龍就請了一個飽學的老師來教導鄭成功。

　　鄭成功天資聰穎，讀起書來全神貫注，加上好勝的個性，使他在課業上表現優異。十五歲入南安縣為「秀才」，接著通過高等考試，錄取為「廩膳生」，這是領有朝廷糧食補助的讀書人。

　　他參加省試，考進南京國子監。南京是歷史名城，曾是明朝的政治中心，各路英雄豪傑聚集的地方；國子監是當時國家的最高學府，學生都是一時之選。鄭成功能到南京讀書，真是大開眼界，尤其當時國子監的校長是錢謙益，學問與詩文都頗富盛名，鄭成功對他非常的景仰，錢謙益看到鄭成功談吐不凡，見識廣博，文章氣勢磅礡，因而對鄭成功寄予厚望，希望他能為明朝做一些大事。

這時的鄭成功是一個衣食無憂的權貴子弟，他沉醉在書香中，卻也開始感受到時代動盪的氛圍。

明崇禎十七年（1644年），明朝由腐敗走向滅亡。

當時，異族滿清已控制塞北，正在長城外伺機攻入中原。長城內許多人民組織起來反抗朝廷，其中聲勢最大的李自成，攻下西安、開封、寧夏、蘭州、太原等地，明朝各地的官府像骨牌一樣的應聲倒地，最後李自成竟攻下了北京城，城內的明朝崇禎皇帝在煤山上，眼看城破了，不禁流下眼淚，感嘆著：「唉！我們大明王朝竟然這麼不堪一擊，我堂堂一個皇帝竟被一群亂賊逼到這種地步，我死後有什麼面目見我的先人呢？唉──」

最後，崇禎皇帝上吊身亡。

李自成攻陷北京後，到處搶

劫財物、擄奪婦女與虐殺官員。這時，鎮守山海關阻擋滿清軍隊進入中原的吳三桂還握有大軍，李自成怕吳三桂帶兵攻入北京，就捉來吳三桂的父親，逼迫他寫了一封勸降書，命唐通帶著勸降書和賞銀四萬兩，前去勸吳三桂投降，吳三桂有意投降李自成，便叫唐通回去覆命。

急躁的李自成見唐通遲遲沒回音，誤認為吳三桂不肯投降，就把吳三桂全家殺死，又奪走吳三桂的愛妾陳圓圓，並發兵攻打吳三桂。

吳三桂聽到全家被殺的消息，怒不可遏，悲痛萬分，但又懼怕李自成的強大勢力，於是開山海關迎接滿清軍隊進入。他聯合滿清軍隊，打敗李自成大軍，但滿清大軍也趁勢進入北京。大明王朝如腐木一樣，禁不起滿清騎兵橫掃而過，半壁江山就改朝

換代了。

當鄭成功和同學們聽到北京被滿洲人占據的消息時，大家心裡悲痛萬分，有人號哭失聲，有人搖頭感嘆。

鄭成功握緊拳頭，心裡激動的呼喊著：「明朝有這麼多大臣、將軍，竟然無人能阻擋滿清韃子的入侵？有朝一日，我鄭成功一定要趕走這些韃子。」

但是，這時他只是個讀書人，雖然心中充滿了激情，卻沒有辦法付諸行動。

3 國仇家恨

　　崇禎皇帝自縊身亡後，明朝僅存的皇親國戚還是繼續爭權奪利，最後由宦官擁護的福王獲勝，登基為皇帝，但是福王即位後奢靡淫逸，不久就失守南京，被清兵斬首。明朝馬上又沒有皇帝，在南方的鄭芝龍與三弟鄭鴻逵遂擁立唐王＊，建立隆武政權，為明朝延續了一脈香火。鄭芝龍一家也因此都當了這個新朝廷的大官。

　　唐王即位不久，鄭芝龍就帶著鄭成功前往謁見。

> **放大鏡**
>
> 　　＊明朝的崇禎皇帝死亡後，北方已經被清朝控制，南方明朝殘餘的勢力，在歷史上稱為「南明」。南明共有四個皇帝，分別是福王弘光帝（在位時間 1644～1645 年）；唐王隆武帝（在位時間 1645～1646 年）；魯王監國（在位時間 1645～1662 年）；桂王永曆帝（在位時間 1646～1662 年）。鄭成功後來尊奉永曆帝是正統皇帝。

　　鄭成功這年二十二歲，全身煥發著青春的氣息，眉宇間流露著飽讀詩書的智慧，謁見皇帝雖然使他緊張了一整夜，但是，他自信的眼神，馬上吸引了皇帝的注意。皇帝問了他幾個對眼前局勢的看法，鄭成功回答得沉穩深入。

　　唐王不禁對鄭成功說：「我很久沒有見到像你這麼優秀的年輕人了，真恨自己沒有女兒可以嫁給你！你一定要對我們大明忠貞不貳。」

　　鄭成功馬上跪拜稱是。

　　唐王繼續說：「希望你永遠不要忘了今天的承諾呀！我現在把大明的國姓『朱』賜給你，你的名字也改為成功吧！」

　　鄭成功很感動，他是讀書人，深受「忠君」儒家思想的薰陶，他很感激皇帝賜國姓，這表示唐王將自己視為是皇族的骨

肉，對於這樣的榮耀，他終生難忘＊。

這時，清朝了解隆武帝雖然號稱明朝皇帝，實際上卻是鄭芝龍掌握了兵權，如果能說服鄭芝龍投降，隆武帝就會垮臺。於是，清朝就派明朝的降將洪承疇寫信招撫鄭芝龍。

鄭芝龍的國家民族觀念比較薄弱，清朝招降他，他就心動了，心想：「我如果投降了，清朝一定會封我大官，我才能繼續保有自己的財產和地位，否則，滿清攻進了福建，我家族的人會被殺，財產可能也沒了。況且，明朝大勢已去，隆武帝又這麼不尊重我，我為何要為他賣命。」

怎麼說隆武帝不尊重他呢？原來，鄭芝龍有一位好友陳謙，

放大鏡　　＊明朝的國姓是「朱」，所以這時鄭成功的全名應該叫「朱成功」，只是很少人這樣叫他，大家都尊稱「國姓爺」。

在浙江另一位明朝皇室後裔魯王那裡當官，魯王和隆武帝兩人雖然同樣是明朝的後裔，卻因爭當皇帝而不和。有一次，魯王派陳謙到福建來見隆武帝，陳謙見到隆武帝時，口稱「皇叔父」，沒有稱「陛下」，隆武帝大怒，派人將陳謙捉起來，雖然鄭芝龍極力搶救陳謙，隆武帝卻將陳謙半夜押到別的地方斬首。鄭芝龍知道消息趕到時，已經太遲了，只能伏屍大嘆。因此，鄭芝龍對隆武帝心生不滿。

鄭芝龍降意已決，就騙隆武帝說：「聽說有海寇要進犯，我要率兵到沿海一帶去防備海寇。」

他把保護福建北方山區的兵力都撤走。

待鄭芝龍撤兵，清兵如入無人之境，迅速進入福建省，隆武帝趁隙逃到汀州，仍被清兵捉著，被押到福州後，絕食而死。

　　鄭芝龍的大軍和船隻退到安平，聲勢仍然浩大。清軍不敢進犯，就派人送信給鄭芝龍，信中言明要封鄭芝龍為福建、廣東兩省的總督，並請鄭芝龍到福州討論未來的人事安排。

　　鄭成功得知這個消息，馬上面見父親，問明父親的決定。鄭芝龍說出了要投降的決定。

　　鄭成功馬上提出不同的意見，他說：「南方的地勢多山和河流，和北方不同，滿清的騎兵到這裡便無法隨意的馳騁了，我們如果占據險峻的山地，建築堅固的據點，就算他們有百萬大軍，也很難打敗我們。況且我們可以安撫民心，經營海上的生意，充足糧餉，號召天下，要收復失土並不難呀！」

　　鄭芝龍回答說：「識時務者為俊傑，現在滿清招撫我，是看重我，如果我投降，他們一定會禮

遇我，但是如果和他們作對，一旦被打敗，那時像狗一樣搖尾乞憐，就後悔不及了。你還年輕，懂什麼呀？」

鄭成功見父親不聽勸告，就拉著父親的衣服，跪著哭說：「我們現在控制這裡，就好像山中的老虎和海中的大魚。老虎不可以離開山林，若離開山林，老虎就失去威力了；大魚不可離開深海，若離開深海，就不能活下去了。您要三思而行，千萬不要到福州去呀！」

鄭芝龍很生氣的說：「你是在詛咒我嗎？你哪會知道天下局勢？不要再說了！」

鄭成功知道無法說服父親，就去找叔叔鄭鴻逵，將父親的決定告訴他。鄭鴻逵也來勸鄭芝龍：「我們人一生就像朝露一樣短暫，能建立功業，垂芳萬世，是因為能掌握時機。現在你的官位

是我朝中最高的了，況且還有幾十萬的大軍，戰船多得可以塞海，糧餉裝滿倉庫。如果能誠心輔佐皇上，藉以號召天下，天下的豪傑自然會來響應。我們何必去投降滿清，聽從他們的差遣呢？」

鄭芝龍搖頭道：「你只看到眼前，沒有長遠的計畫。現在清朝已經占有天下十分之八九，如果我們逞匹夫之勇，以這麼少的部隊和清軍打仗，根本是自不量力呀！不如利用他們招撫我的這個機會，帶領全軍投降，這才是明智的決定。」

鄭芝龍心意已決，鄭鴻逵也無法再說下去了。鄭芝龍的部屬也來勸說，但都無法說服鄭芝龍回心轉意。最後，鄭成功見父親已經無可理喻，又怕父親要他去降滿清，就帶了一批人馬躲到金門去。

　　不久，鄭芝龍帶領五百名士兵，要前往福州見清朝官吏，此時他才知道鄭成功已經躲到金門，就叫人催鄭成功回來同行，鄭成功回說：「自古以來，做父親的都是教導兒子要盡忠，沒有聽過反教兒子叛國的道理，今天父親您不聽我的勸告，如果您投降以後有什麼意外，我只好為您披麻戴孝。」

　　鄭芝龍聽到部下的回報，非常生氣，大罵：「我怎麼會生出這種不孝的兒子，竟然講這種詛咒我的話。等我當上清朝大官，再看看你怎麼說？到時候你就知道我這個當父親的多麼有辦法。」

　　鄭芝龍帶領五百士兵和五子鄭世渡前往投降。清廷知道鄭芝龍要來投降的消息，馬上命令沿途各官府盛情招待，並令文武官員到郊外相迎。

　　鄭芝龍沿路來心情好極了，

清朝對他的禮遇令他窩心，他不禁為自己能見風轉舵而暗暗竊喜。

到了福州，滿清的招撫大臣更是熱情歡迎他，備酒與鄭芝龍一行人痛飲三日，暗中趁機將鄭芝龍帶來的士兵引開。到了第三天深夜，大家喝得酩酊大醉時，滿清部隊一擁而上架住鄭芝龍，一路將他押到北京，把他軟禁起來。

鄭芝龍被押到北京後，滿清軍隊馬上殺進安平。鄭鴻逵不敢抵抗，帶了軍隊逃往金門，鄭芝龍的家眷也都逃了，唯獨鄭成功的生母田川松＊不肯走，為免受辱於滿清軍隊，於是上吊自殺了。

鄭成功一聽到這個消息，立

 放大鏡

＊田川松在弘光元年（1645年）終於獲得日本政府同意，得以移居中國。

刻趕回安平，當他看到母親的屍
體時，不禁捶胸頓足、痛哭失
聲，他毅然下定決心：「國仇家
恨，一定要報。」

4

漂泊歲月

　　一夕之間，父親被虜，母親身亡，鄭成功心中悲痛萬分。他雖恨不得立刻報此國仇家恨，但擺在眼前的卻是根據地都已為鄭家族人和鄭芝龍舊部下所據：鄭鴻逵占據金門，鄭彩、鄭聯占據廈門，南澳為陳豹所據，鄭成功只有安平這一小塊地，但這塊地也是在叔父鄭芝豹的控制下，不能自由運用。

　　這些鄭家族人和舊部下大都未改抗清立場，只是對於年僅二十二歲的鄭成功還在觀察，所以不肯將大軍交給鄭成功。

　　沒有軍隊、船艦、裝備，鄭成功並不怨天尤人，他知道要建立軍隊只有靠自己努力招募。於是，鄭成功南下到南澳招兵買馬，招得三百餘人，帶到廈門的

鼓浪嶼訓練，他又派人到處籌糧。雖然兵力單薄，也沒有可靠根據地，但是，他終究是鄭芝龍的兒子，又有堅定的決心與卓越的領導能力，很多以前鄭家的族人和舊部下又回來投靠他。

鄭成功的日子過得很辛苦，他無時無刻不在想著如何安頓軍隊？如何攻打滿清？每當感到挫折，對母親的思念，便會激起他的鬥志：「我不能低頭認輸，要打敗韃子，就必須忍受這一切……」

永曆元年（1647年）八月，鄭成功與叔父鄭鴻逵合力攻打泉州，希望能占為根據地。滿清泉州的守城官趙國祚，認為鄭成功只是個乳臭未乾的文弱書生，根本沒將鄭成功看在眼裡。只派出五百名騎兵、一千五百名步兵迎戰。雙方鏖戰半天，不分勝負。後來，鄭鴻逵和鄭成功兩面夾攻，才打

敗清兵。趙國祚驚覺鄭成功兵力強盛，就緊閉城門，不再出戰。每次鄭軍攻城，滿清就從溜石寨城派出軍隊來救援，使鄭軍無法順利攻下泉州城。

「怎麼辦？」初次攻大城，就讓鄭成功吃盡苦頭。

鄭鴻逵安慰他：「沒關係，慢慢想，總是有辦法的。」

兩人每日苦思，有一天，鄭鴻逵興奮的說：「我們總是被溜石寨的人偷襲，為什麼我們不去偷襲他們，下次攻泉州城時，我先故意派人偷襲溜石寨，他們一定會趕回去救自己的石寨，我再派人埋伏途中，前後夾攻，就能攻下溜石寨，先攻下溜石寨，再來拿泉州。」

果然，鄭軍順利拿下溜石寨。接著，鄭軍全力攻打泉州城。這時，在泉州南方的漳州守將王進採用了「圍魏救趙」＊的

方法，事先派人散布謠言說清軍將攻打安平，接著派出軍隊作勢攻擊。

鄭鴻逵信以為真，便要鄭成功回去協助防守安平。

鄭成功回說：「依我看泉州是撐不久了，如果現在放棄圍城，去守安平，那先前不就是白費力氣了？而且漳州離安平較遠，清兵攻打安平的消息目前還只是謠傳，依我看，派人守住漳州通往泉州的大路，我守住往安平的通道，以備兩邊支援就夠了，現在還是加緊攻下泉州才是。」

鄭鴻逵點頭稱是。

放大鏡

＊**圍魏救趙** 戰國時，魏國圍攻趙國，趙國向齊國求援。齊國派田忌、孫臏帶領軍隊救趙國，孫臏考慮魏國兵力強大，如果和魏國正面交鋒，齊國軍隊傷亡一定很嚴重。孫臏於是派兵圍攻魏國首都，這時魏國的大軍正在遠方圍攻趙國，趕回來救自己的首都時，已經兵困馬乏，又中了孫臏的埋伏，就被齊軍打敗了，趙國也因此得救。

後來的人用這個成語來表示「偷襲敵人的後方，迫使敵兵撤退的戰略。」

　　想不到王進抄小路，進軍泉州，趙國祚得知援軍到達，立刻命令部下喊聲助戰，鄭鴻逵誤以為對方聲勢浩大，就急忙撤軍回金門，鄭成功也匆忙撤回安平。等到鄭軍知道王進救援人馬不多的時候，已經來不及回頭截擊了。

　　鄭成功從起兵抗清後，一直沒能在福建的陸地上找到一處根據地，有兩年多時間，他到處漂泊，帶著軍隊征戰福建、廣東沿海，常常一個城鎮攻下了，守不了多久又被清軍奪走，始終沒有一個較安定的根據地。

　　不過，來歸順鄭成功的軍力漸增，他的聲勢也日漸高漲，尋找一塊根據地就變得很急切了。

　　有一天，鄭成功在戰艦甲板上望著茫茫大海，不禁嘆了一口氣，堂叔鄭芝鵬看了，就問：「你是為了根據地的問題嘆氣吧？」

鄭成功點了點頭，說：「這一次我們打了這幾場勝仗，軍糧和士兵增加這麼多，我身為領導者，卻苦於沒有地方安頓好他們，不論安平或鼓浪嶼，都容不下這麼多兵馬，再這樣下去，我這些兵士要以海為家了。」

鄭芝鵬說：「這個問題是一定要解決的，依我看，取金門、廈門兩島是最適合的。」

「那都是叔伯堂兄們的島嶼呀！我怎麼能下手呢？」

鄭芝鵬說：「這兩個島離大陸近，離安平也不遠，附近的地形你最熟了，海上的潮汐狀況你也最清楚，取這兩島是最好的選擇。」

另一位堂叔鄭芝莞馬上接著說：「可以先取廈門，鄭彩、鄭聯兄弟能占領廈門，還不是當初你父親讓給他們的嗎？他們現在經營得並不好，尤其鄭聯整天花天

酒地，對人民只會課重稅，搞得民不聊生，現在是攻打他們的好時機。」

鄭成功找來了甘輝、施琅、洪政等大將共同商討，大家的看法都是:「大丈夫要成就大事業，就不能計較小節。今天您不殺他，說不定將來他們要殺您呢!」

「可是，同族兄弟為此結仇，我實在不願意呀!」鄭成功望著大海，心中輾轉思索，掙扎不已。

5 智取廈門

　　入秋後，一天，鄭成功站在甲板上，看著海上浩浩蕩蕩的船艦，以及在甲板上頂著烈日巡邏的士兵，心裡想：「我要把他們帶到哪裡？難道要他們永遠在海上漂泊，連一個休息的港口也沒有嗎？」

　　他握緊拳頭，堅定的想：「就這麼決定了。」他馬上召來部將，說明自己決定攻取廈門。

　　施琅聽了，馬上說：「既然您決定了，我有一個計謀。」

　　「說來聽聽。」

　　施琅就和鄭成功交頭低語起來……。

　　八月十四日夜，鄭成功與屬下分乘四艘船開到鼓浪嶼。這時鄭聯正與賓客開懷的賞月喝酒，直到天亮，鄭聯已醉得不省人

事。

第二天，鄭聯宿醉醒來，見到等了許久的鄭成功，很高興的說：「哎呀！我昨天喝醉了，不知道你來找我，還讓你等了這麼久，真是失禮了。今天正好是中秋節，今晚我請你喝酒賞月，我們兄弟倆好好大醉一番。」

鄭聯是個一日沒喝酒就渾身不舒服的人，這一夜又喝得酩酊大醉，鄭成功看他醉了，就趁機說：「堂兄，這幾年來，我受了你太多照顧，自從我父親降清後，你是最肯幫忙我的人，我想趁此佳節，換我設宴回請，表達我對你的感謝之意。虎溪巖那兒的風景優美，視野開闊，是賞月的好景點。不如明晚就設宴虎溪巖，請堂兄務必賞臉。」

鄭聯高興的答應了。

第二天，鄭聯帶了幾個親信和侍妾，到虎溪巖赴宴。這一晚

大家盡興暢飲，鄭聯自然又是喝得爛醉如泥，摟著侍妾，步履蹣跚的回去。

鄭成功藉口要和部下多續幾杯，依舊留在原地喝酒。

鄭聯一行人心情很好，沿路說笑玩鬧。到了半路，忽然人影晃動，眨眼間，竄出幾十個人來，將他們團團圍住。

鄭聯的部下大喊：「你們是誰？幹什麼？」

對方個個蒙著面，不發一語，手中利刃卻飛快砍來，鄭聯一行人正想抽刀抵擋，卻已被利刃刺傷。鄭聯酒醉無力，連連被砍了幾刀，只一下子就一命嗚呼了。

一行二十幾名，沒一個活命。

這時，遠方傳來炮聲一響，無數戰艦一擁開進廈門港。鄭成功一方面派人守住鄭彩、鄭聯的

府邸，自己則趕往大廳，緊急集合鄭聯的部將。

鄭成功哽咽著說：「剛剛得到消息，我的堂兄……」話沒說完，就捶胸嚎哭。

「怎麼了？」

「他……他昨夜被人刺殺，凶手已搭船出海。我已經派人去追趕了。」

「怎麼會這樣？」將領們一陣詫異，大家議論紛紛：「究竟是誰幹的？」

「這些可恨的歹徒，要是被我抓到，我一定要他們付出代價……太可惡了，竟然連我的堂兄也敢殺……」鄭成功咬牙切齒，說：「根據我的部下傳回來的消息，應該是滿洲韃子幹的。」

「對！一定是滿洲韃子。」鄭成功早已安排好部下呼應著。鄭聯的將領雖然有人覺得疑惑，但是，鄭聯平日嗜酒好色，部屬早

就覺得他難以成大事，有心追隨的將領並不多，這事的真偽，也就沒有人再深究下去了。

鄭成功便一一安撫這些將領，要他們謹守崗位，不要慌亂。

鄭彩在外地聽到鄭聯遇害的消息，寫了書信向舟山各地求援。各地將領因為鄭彩曾濫殺明朝魯王大臣，對他不滿，反而起兵合力攻打鄭彩。

鄭彩這時四面受敵，剛好鄭成功派人來和談，鄭彩衡量時勢，只好認輸，對眾將領說：「我已經老了，現在我細看鄭家子弟中，就屬鄭成功最能繼承先人遺志，我願把全部軍隊交給他，從此，我不過問俗事了，你們去歸附他吧！」

鄭成功順利的接收了廈門的大軍，也接收了許多優秀的水師戰將。加上原有的部隊，鄭成功

擁有近四萬兵力，戰艦百艘，成
為東南沿海的最大勢力。

6

廈門遭劫

　　永曆四年（1650年）十二月，清廷集結數萬兵力攻打廣東、廣西，明永曆帝的部將屢屢敗退，永曆帝逃亡到南寧，派人令鄭成功前來救援。

　　鄭成功接到詔令，便請堂叔鄭芝莞留守廈門，自己火速集合大軍，準備南下救援。

　　但大將施琅卻開口直言：「我知道救援皇上是我們臣子的責任，但是，我認為大軍不該傾巢而出。」

　　「為什麼？」鄭成功疑惑的問。

　　施琅說：「您把所有的主力都帶走了，萬一清兵來襲，怎麼辦？而且，我昨夜還做了一個夢，夢裡有很不好的預兆，顯示這一次的南征不吉利。」

　　鄭成功大怒，他認為大軍即將遠征，竟然會有大將講這種洩氣的話，因而很生氣的說：「你想不去！好，馬上解下你的將印，你不用去了。」

　　鄭成功率領大軍浩浩蕩蕩南下，途中卻突然遇到颱風，折損不少兵力。同時，清朝福建巡撫探知廈門島上兵力空虛後，馬上命令總兵馬得功帶兵突襲廈門。

　　負責留守廈門島的鄭芝莞，治軍鬆散，聽到清兵上岸，急忙將鄭家的珠寶搬上船，準備逃跑了。恰好這時鄭成功的元配董夫人抱著田川氏的神主牌，牽著兒子鄭經奔到海邊，一看到鄭芝莞的船，董夫人就喊：「莞叔，救命！讓我們母子登船吧！」

　　沒想到鄭芝莞說：「妳改搭別的船吧！我們這船不方便載妳。」

　　董夫人覺得奇怪，強行上船，看到船上沒有多少兵器，卻

滿是箱子，董夫人心裡猜：「裡面該不會裝了珠寶吧！如果是這樣，這莞叔也太可惡了。」

清總兵馬得功登上廈門島後，大肆搜括。不久，福建巡撫也渡海來到廈門，他在島上觀察了地形，心想：「這個島四面是海，要守住這裡就得有強大的水師，偏偏朝廷的水師不強，如果我現在奪下這個島嶼，朝廷一定會要我負責這裡的防務，只怕很容易就丟失了這個島，到時候朝廷勢必要怪罪我，看來，我拿下這個島，對我沒有好處，只有害處。」

於是，他引兵回大陸，留下馬得功領兵駐守廈門。

四天後，先回師的鄭鴻逵部隊反攻廈門，卻被馬得功一箭射死一員大將，其餘將領見了，都不敢再攻。

這時，被罷職遣回的施琅聽

到廈門被圍的消息，馬上率領六十多名部下攻打清軍，清軍雖有近千人，施琅與部下驍勇善戰，把清軍打得落花流水，再也不敢出來應戰。施琅和鄭鴻逵部隊因此得以圍住廈門城。

馬得功無法脫身，於是求見鄭鴻逵，哀求說：「當年我們情同手足，你對我的照顧如父如兄，我這一生永遠不會忘記。現在，我們雖然各為其主，但是，只要我一聽到你的名字，還是覺得我們像兄弟一樣的親切。」

鄭鴻逵生氣的說：「過去的事就別再說了，今天戰場上相見，我們就是敵人。」

馬得功見說不動鄭鴻逵，只好來硬的，他威脅說：「你哥哥鄭芝龍人在北京，鄭氏家屬也都在安平，你家人藏匿的地點，我們都已知道，我早已和我們巡撫講好了，只要我沒有平安歸去，他

們會找你的家人下手。」

「你威脅我？」鄭鴻逵生氣的罵。

「我不是一個沒血沒淚的人，只要你放過我，我一定會極力保護鄭家家屬。」

鄭鴻逵被說動了，為了家人的安危，他放走了馬得功。

原本往南支援永曆皇帝的鄭家軍，在得知廈門被劫的消息後，都心繫廈門家人的安危，無心打仗了，鄭成功只好班師回廈門。

鄭成功回到廈門後，清點被劫的軍糧，多達二十五萬石，黃金九十萬餘兩，裝備與珠寶不計其數。鄭成功查明了清軍登陸後的情形，馬上召開軍法會議，當眾叫人綁來鄭芝莞，宣布說：「鄭芝莞負責留守廈門，面對敵人來襲時只顧逃命，完全不顧其他軍民的死活，讓我軍的軍糧與軍餉

被清軍悉數搶走。這種敵前失職的情形，按軍法應該處斬。來人啊！拉出去斬了！」

「我可是你的叔父，你斬我就是無情無義。」

「你怠忽職守，違反軍律，使我軍民受到莫大的損害，使我反清大業受到挫折，我如何和你講情義，今天我不得不斬你。來人啊！拖出去斬了。」

眾人想要求情，都被鄭成功揮手拒絕，就這樣，鄭芝莞被斬頭示眾。

眾軍士看到鄭成功斬殺了自己的叔父，都心生警惕，知道鄭成功執法嚴屬，即使是自己的親人也一樣依法辦理。從此，鄭軍的軍紀更加嚴明。

鄭鴻逵知道這次鄭軍損失慘重，自己私放馬得功也難辭其咎，心中不免覺得愧疚。又看到鄭芝莞被斬，覺得鄭成功執法嚴

明，軍令如山，而自己終究年紀大了，不適合征戰殺戮的日子，於是，將金門的兵權都移交給鄭成功，宣布隱退，從此，金、廈兩地都歸鄭成功統治。

7 施琅叛逃

　　鄭成功堅持南下勤王，造成廈門被劫，幸虧施琅奮勇殺敵，收復廈門。事後，鄭成功論功行賞，獎賞施琅花紅紋銀二百兩。施琅卻以沒有擒得馬得功為由，不願接受賞銀。其實，施琅心中希望能夠重新回復左先鋒職位，再受重用。

　　鄭成功當然知道施琅心中的想法，卻任命原施琅副將萬禮為左先鋒，徹底斷了施琅重握兵權的機會。

　　鄭成功不願再重用施琅，主要是因施琅個性傲慢自負、暴躁易怒。雖然施琅是個難得的將才，對水軍很熟悉，鄭營水軍的陣勢和戰法，大都是他訓練出來的，但是他在軍中卻很跋扈，常常欺侮其他的將領，影響部隊的

團結。

施琅不能恢復原職,心中鬱悶,脾氣更加暴躁,言行更加驕縱無禮。

「不管如何,他還是我軍中難得的人才,我還是得重視他。」鄭成功要移師到金門操練時,特別派人去請施琅同行,想不到施琅竟然拒絕同行。

鄭成功氣炸了:「這已是施琅第二次拒絕我的調度,要是每一個軍人都這樣,我根本無法調動大軍了。再這樣下去,全軍的士氣都會受到影響,我得找時機出手,好好的治治他。」

有一天,施琅的一名部下叫曾德,犯了走私的罪行,依法應該處死。

曾德逃到鄭成功的軍營向他求情,原來曾德是曾櫻的族人,曾櫻是明朝大學士吏部尚書,為人剛正不阿,清軍劫掠廈門時,

為了與城共存亡而上吊自殺。為此，鄭成功很尊敬曾櫻，對曾櫻的遺族除了發放重金撫卹，平日也多加關心。

曾德向鄭成功哭訴求情說：「我知道我做錯了，按律我是該死，可是我們曾家就剩下我一人，求國姓爺饒我一命，為曾家留一脈香火吧！」

鄭成功想起曾櫻的為人，不禁軟下心來，說：「好吧！我就免你一死吧！」

施琅到鄭成功軍營裡，營裡的軍官轉達了國姓爺的命令，想不到施琅捉住曾德，說：「犯法的人就該依法辦理，如果連國姓爺自己也徇私，那麼國家就亂了。」

說完，派人抓走曾德，馬上處斬。

消息傳到鄭成功耳裡，傳話的人是曾德的好友，不甘曾德被殺，將施琅講的話扭曲說：「你們

想要用國姓爺的命令要脅我？我偏偏要殺曾德。」

鄭成功聽了大怒，隔天，召集了所有的將領，當場命人押下施琅，並且捉了施琅的父親施大宣、弟弟施顯貴與全部家屬，關在林習山的船中，林習山平時十分敬重施琅，此時頗為施琅的遭遇感到不平，他命令副將吳芳看守，並交代要好好照顧施琅。

當天晚上，有訪客登船來見施琅，他偷偷的向施琅說：「你的命不保了，趕快想辦法逃走吧！」不久，便離開了。

施琅自知處境危急，對弟弟說：「我們的生命都危在旦夕了，我們兄弟兩人不能都死了，你年輕，應該想辦法逃走。」

弟弟施顯貴回說：「你的聰明才智十倍於我，而且我已經有孩子可以傳宗接代，你還沒有子嗣，你先逃，不要多說了，快逃

吧！」

　　施琅想好了計謀，利用吳芳靠近時，笑著說：「我還以為國姓爺要殺我呢！原來只是要我準備鎧甲，這種事太簡單了。怎需勞煩國姓爺派專人來告訴我。」接著便與吳芳喝酒暢談，趁吳芳酒酣耳熱後，對他說：「你陪我上岸，我去找人負責準備。」

　　吳芳見施琅心情舉止都很開朗，何況施大宣、施顯貴也都還關在船上，於是不疑有他，派了幾名部下和他一起上岸。

　　一行人上了岸，走了一段路之後，施琅騙隨行的人說：「走大路如果被人看到了，恐怕會造成你們的困擾，我們還是走小路吧！」

　　隨行的人就跟著走小路，走到偏僻處，施琅看四下無人，趁隨行士兵不注意，瞬即拿出預藏的武器，攻擊士兵，殺了幾人

後，逃到山洞中躲起來。

鄭成功聽到施琅逃走的消息，非常生氣，馬上下令：「施琅叛逃，於法不容，即刻放話出去，如果他不馬上出來投降，我就殺了他的家人。」並且嚴禁有人窩藏他，同時命令吳芳等人務必將他搜捕回來。

隔了幾天，施琅沒有回來，鄭成功氣昏了頭，竟然下令將施琅一家大小全都殺害了。

施琅在山洞裡躲藏了好幾天，受不了飢餓，只好逃到他的老部屬蘇茂的軍營，當時蘇茂正好在吃晚餐，見到施琅，嚇了一大跳。

施琅知道這時向蘇茂求情是沒用的，便用激將法說：「我聽說國姓爺傳令只要抓到我，就可賞一千兩黃金並升官，我仔細想過了，你和我的感情最好，所以我特別來找你，讓你帶我去領賞，

免得這功勞被別人搶了。」

蘇茂聽了施琅的話，連忙回說：「大人，我會有今天，不都是您提拔的嗎？我怎麼會賣主求榮呢？您如果被抓回去，只有死路一條，我們的情誼這麼堅固，我就算是因此被處死，也要幫您逃走。」

隔天，蘇茂命令心腹準備小船，載著施琅到對岸的安平，投靠鄭芝豹，求鄭芝豹出面排解。

這時施琅卻聽到了家人已被殺的消息，他悲痛的跪地痛哭，捶胸呼喊：「鄭成功，你竟然這樣殘忍，將我的家人都殺了，我一定要報仇，只要我施琅活著一天，我一定會報這個仇。」

他立刻直奔泉州府城，向滿清投降。

鄭成功聽到施琅投降清軍的消息，既憤怒又後悔，他馬上召集各鎮將帥，提醒眾人：敵方已

經知道我方水軍的陣勢、戰術了，要各將帥嚴加守備。

「以後水軍打仗，會更辛苦了。」鄭成功心情沉重的下了結語。

8 圍攻漳州

　　永曆六年（1652年）四月間，鄭成功帶兵進攻漳州城，清軍死守，鄭成功設了二十八個營隊圍攻。到了五月，清廷緊急調派浙江總兵馬逢知帶領大軍南來支援，鄭成功馬上召集大將共商對策。

　　會中，中提督甘輝激動的說：「現在馬逢知快到了，讓我帶兵去阻止他的軍隊，我一定把他打得無處可逃，讓漳州城內的清軍死了這條心。」

　　「我聽說馬逢知是一名猛將，何況我們才剛攻下長泰，現在又要大戰一場，我擔心兵士太過疲累，」鄭成功頓了一下，又說：「我倒是有一個想法，不如放馬逢知進入漳州城，然後我們再把城圍死了，城內人馬增多，糧食又有限，不用多久，城內必定

會因糧食短缺而軍心大亂，到時候，這城就好攻了。」

「不知他們存糧能撐多久？」甘輝問。

鄭成功壓低聲音說：「我事先派人進城去打聽過了，漳州去年的收成不好，存糧有限，差不多可以再撐二、三個月，今年城外春天剛播下的稻田又來不及收割。我猜不出三個月，城內就會鬧饑荒。」

「可是，如果馬逢知不把軍隊帶進城呢？」將軍周全斌提出問題。

鄭成功點點頭，說：「嗯！你的問題很好。馬逢知不是省油的燈，不會笨到一路攻進城內，他一定會想辦法在城外找一處適合的地點，和城內裡應外合，讓我軍兩面受敵。所以，我要你們只管打他的後路，正面詐敗，讓他一路贏到城下，再全力將他們趕

進城內。」

「對！把他們趕進甕裡。」一名將軍呼應。

「國姓爺的計謀一定會成功的。」許多將軍都點頭贊同。

鄭成功馬上令諸將聽命，一切依計而行。

不久，鄭軍順利把馬逢知的大軍趕進了漳州城內，並將整座城圍得水泄不通。

馬逢知在城內休息了幾天，就領軍出城攻打鄭營。鄭成功一方面派軍隊迎戰馬逢知，一方面則親率軍隊攻打漳州城。馬逢知看到漳州城被攻，急急鳴金收兵，退回城內。這一戰，清兵損失慘重，馬逢知覺得鄭成功擅長用兵之道，就不敢再出城叫陣了。

清軍被困，無法出城，而糧食又日漸減少，城內軍民只能坐等援軍了。

　　清朝福建巡撫接到漳州被圍的消息，馬上調集了二百多艘的船艦，往廈門進攻，希望用「圍魏救趙」法將鄭成功的大軍引回廈門。

　　鄭成功派出去的探子回報消息，他知道清軍的企圖，心想：「上次南下勤王，丟掉廈門，我殺了芝莞叔父。這次留守的將領一定不敢丟下廈門，自顧逃命。雖然這樣，我還是不放心！廈門島絕對丟不得。」

　　於是，他馬上命令甘輝率領水師，截擊清軍水師。甘輝的水師很慓勇，加上清軍本就不善水戰，才一接戰，清軍立刻大敗，急忙撤退逃命。

　　鄭成功擔心清軍增援漳州，遂下令加緊攻城。但漳州城易守難攻，鄭軍每次攻城，損失都很嚴重。

　　鄭成功為了久攻不入漳州城

而苦思對策，有一天，有將領建議說：「城外有個叫鎮門的地方，那裡兩山夾岸，我們可以用大木、大石把它填塞起來，再引江水淹城。」

「這個計畫很好。」鄭成功馬上派人去伐大木，親自領著幾名將領到鎮門督導編製木柵導水，再用老舊的壞船裝塞石頭沉入江底擋水。可是，水勢實在太大了，怎麼堵都堵不住，試了幾百次，還是無法成功。鄭成功只好放棄這個計畫，繼續加緊攻打漳州城。

漳州城被鄭軍緊緊圍住，城中存糧不足，加上軍民又多，士兵和百姓開始爭搶食物。百姓都不敢生火炊食，因為，士兵一看到炊煙，馬上蜂擁來搶食。最後，連老鼠、麻雀、樹根、樹葉、嫩草都吃光了，開始有人殺人來吃。到了八月，城內餓死、

病死的百姓與士兵已經數以萬計了。

九月，清朝派出平南將軍金礪帶兵來救漳州，金礪帶領滿漢大軍上萬人，浩浩蕩蕩殺來。鄭軍因為圍城太久，加上糧食常難以接濟，將士已經疲憊不堪，所以被清兵所敗。

鄭成功將大軍移駐至古縣，想先全力擊敗金礪大軍後，再回頭圍打漳州。鄭軍退到古縣，漳州城解圍，金礪入城來，城中到處是死屍與垂死掙扎的飢民，哀嚎聲彷彿是人間煉獄。金礪急徵倉米來救濟軍民，並收拾死屍掩埋。

金礪探知鄭軍紮營古縣的消息，馬上連夜派兵進攻。鄭軍連年在外戰鬥，早已疲憊不堪，兩軍交戰，馬上被清軍衝潰，幸虧甘輝勇敢截斷後路，鄭成功才得以平安率大軍撤退。

9 雙方和談

　　鄭成功自從起事以來，和清軍在東南沿海進行多場戰役，雙方互有勝負，清軍始終無法消滅鄭成功，鄭成功的反清勢力依舊茁壯，使得清廷不得不改採雙面策略，即一方面派軍隊攻打鄭成功，一方面派人進行和談。

　　永曆六年，清朝順治皇帝命令鄭芝龍寫了一封信，派人送來招撫鄭成功，鄭成功因為父親與家人都還在清廷手裡，不敢嚴詞拒絕，只好寫了一封替父親求情的信，信中提到滿清將父親騙到北京，並沒有依約封為三省王，也沒讓父親自由返鄉的機會，並對清兵偷襲廈門，劫去大量財物珠寶表示不滿。

　　順治皇帝看了這封信，以為鄭成功會為了官位而投降，於是

下令封鄭芝龍為同安侯，鄭鴻逵為奉化伯，鄭芝豹為左提督，鄭成功為海澄公。同時還追究廈門事件中劫掠將領的罪行，更指示滿清大軍撤回，閩南沿海地方的保安由鄭成功負責。

清廷馬上又派人押著鄭芝龍的家人，攜帶皇帝的聖旨及「海澄公」印、「奉化伯」印，南下招撫鄭成功。

這時順治皇帝對鄭成功儘量籠絡，但是，鄭成功反清的意志堅定，父親投降被軟禁北京的教訓刻骨銘心，他豈會輕易被高官厚爵所誘惑？

鄭成功回信給清廷，推託說數十萬鄭軍如果投降而不解散，則沒地方安插；如果馬上解散，恐怕會四散為盜，騷擾地方，所以暫時還不能歸順。清廷決定再讓步，願意把泉州、漳州、惠州、潮州四府讓給鄭成功安頓他

的士兵。

鄭成功其實無心和談，只想趁清廷積極招撫他的機會壯大勢力，於是他又要求清廷撥三個省分給他。同時，他把握清廷官員不敢破壞和談的時機，又一再派軍隊到處徵糧籌餉。

最後，浙閩總督和提督一再的向上奏報，說明鄭成功藉機籌糧的情形。清廷終於忍受不了，一方面調大軍進入福建，一方面另派內院學士葉成格、理事官阿山，以及鄭成功胞弟鄭世忠、鄭世蔭隨行南下要逼鄭成功表態。

清廷先派鄭世忠來勸說，兄弟兩人一見面，不禁相擁而泣。

鄭世忠聲音沙啞說：「大哥，這八年不見，我們日日夜夜都在想念你，父親也因此老了許多。」

鄭成功心中不禁一痛：「唉！如果不是韃子侵占中原，騙走父親，我們也不會落得如此。」

「我們都知道你痛恨韃子，可是，目前的情勢已經發展到這等地步，我和父親常常在想未來我們該怎麼走呀！」

「怎麼走？」鄭成功問。

鄭世忠猶豫了一下，才說：「古人說：『識時務者為俊傑。』我們要知道進退，父親認為，當今只有和談一途了。而且，現在清廷已經把刀架在父親和我們的脖子上，這一次和談如果失敗，我們全家的性命就不保了，是生是死，就看你的決定了。」

鄭成功早猜到弟弟的來意，回說：「父親已經被韃子騙過一次，我不想再被騙。你想一想，我如果和清廷達成和談，父親和你們就沒有利用價值，相反的，如果我現在找理由不接受和談，韃子反而不會殺害你們。」

鄭世忠急了，哀求說：「眼前你沒有答應和談，父親和我們全

家就難逃一死，你答應了清廷的和談條件，才能救我們，清廷要取信於天下，他們不會欺騙我們的。」

「韃子的伎倆，難道我還不清楚嗎？」鄭成功大怒說。

「大哥——」鄭世忠低泣說：「救救父親吧！」

鄭成功仰天長嘆：「唉！當初父親如果聽我的勸告，就不會有今天這樣的情景了，我真不知道怎麼辦呀！」

鄭成功始終沒有接受清廷提出的和談條件。

幾天後，鄭成功派人送鄭世忠回到泉州，並與清廷代表葉成格，約定時間到安平鎮會談。

和談前，鄭成功先調甘輝、萬禮等帶領部隊到安平，紮好營地、擺好陣勢，一來防範清軍突襲，一來炫耀軍威。到了和談那天，清廷代表葉成格、阿山等人

也帶領步兵上萬、騎兵數千，浩浩蕩蕩而來，雙方劍拔弩張，氣氛極為緊張。

雙方在爭執中談了幾天，卻始終談不攏。清廷代表葉成格、阿山要鄭成功先剃髮再接清皇帝的詔書，鄭成功則堅持先看詔書，再剃髮。

清方葉成格的理由是：「不剃髮，就不是清朝的臣民，哪夠格看詔書？」

鄭成功不想和談，便找理由拖延，就堅持說：「詔書沒看到，哪知詔書寫什麼？」

最後，清廷代表認為鄭成功沒有投降誠意，就返回泉州了。

鄭成功擔心人在北京的父親真的因此被殺，急忙準備一份禮物，並且寫了一封很客氣的信給葉成格與阿山，而兩人也回信給鄭成功，要給他最後機會答覆。

隔了幾天，鄭世忠兄弟又來

廈門勸降，鄭成功心中極為痛苦，如果接受剃髮和談，就是變節投降，將成為不忠不義的罪臣；如不接受和談，父親與家人的生命不保，那麼就成了不孝不慈的罪人了。

最後，鄭成功艱難的做出選擇：願當明朝忠臣，不為鄭家孝子。

10

鄭荷之爭

　　鄭成功一再拒絕和談，清廷態度轉為強硬，把鄭芝龍、鄭芝豹及家屬，全都囚禁起來。同時派出滿漢大軍，南下攻打鄭成功。鄭成功集中兵力於金廈對決，大敗清軍。

　　鄭成功養兵十萬，又連年征戰，需要龐大的軍事費用，有賴他長期派兵在沿海各地徵取糧餉，同時經營海上貿易活動，賺取利益，才足以負擔支出。

　　隨著鄭成功海上勢力日益坐大，在臺灣的荷蘭人更加忌憚，尤其擔心鄭軍攻臺，雙方貿易利益又屢有衝突，終於導致鄭成功在永曆十年（1656年）六月，宣布對臺灣實施貿易封鎖，禁止一切船隻前往臺灣。

　　永曆十年八月，有兩個大

員＊來的商人到廈門求見鄭成功。

鄭成功請他們進來，兩個商人一進門來，就跪了下來。

鄭成功問：「什麼事讓你們大老遠從大員跑來這裡？」

二人中較瘦小的老人說：「國姓爺，您六月底發的布告，禁止大陸各港到大員通商，讓我們這些小生意人苦了。」

另一個較年輕的也跟著說：「我們大員的漢人現在沒有生意可做，一家妻小要餓肚子了。」

「原來你們是為了我發布海上貿易禁令而來的。」鄭成功搖搖頭，說：「你們有意見，就應該向

＊**大員與臺灣** 荷蘭人統治臺灣時，稱呼現在臺南市安平一帶為「大員」，稱呼臺灣全島為「福爾摩沙」(Formosa)。當時住大陸東南沿海的漢人，也用「大員」來稱呼現在臺南市安平一帶，但後來也常用來指臺灣全島。

「大員」和「臺灣」兩個詞，用閩南語來念，除了聲調有小差異外，發音完全一樣，它們的本意幾乎是相同的，只是用字不同罷了。

大員的荷蘭長官表達，我會對大員荷蘭人和呂宋西班牙人發布禁令，也是被他們逼的。」

「被逼的?」兩人疑惑的問。

「數年以前，我的貨船到馬尼拉做生意，那裡的西班牙人不僅搶走了船上的貨，還殺了我船上的臣民，我派人前去抗議，他們口頭敷衍我，今年，我的商船到那裡，貨不是被搶，就是被迫低價拋售。你們說，他們不是跟土匪一樣嗎？我當然要禁止商船到那裡去!」鄭成功的聲音因生氣越來越高昂。

兩個商人不敢接話，隔了半晌，才吞吞吐吐的問:「可是……這和大員的荷蘭人沒什麼關係嘛!為什麼要對大員禁止貿易?」

「我要好好的處罰西班牙人，所以禁止船隻到馬尼拉通商，違令的人就處死，貨物沒收。至於大員荷蘭人，是因為他

們新上任的巴達維亞＊總督處處討好韃子，兩邊還偷偷討論如何加強貿易。」

「有這種事？我們生意人不知道這些呀！」商人低聲下氣的說。

鄭成功站了起來，雙眼圓瞪，生氣的說：「不僅如此，我們的商船在巴達維亞也處處受到荷蘭人的刁難。今年初，我的一艘船被扣留很久，船上的人苦苦向荷蘭人哀求，一直到適合航行的季節快過去時才獲得釋放，緊急出航，以致於出航不久就遇到強風，桅杆折斷。上個月，我的一艘船也在那裡被搶走了四百擔胡椒，他們甚至要禁止我國姓爺的船隻到麻六甲、柔佛、彭亨等

放大鏡

＊**巴達維亞** 即現在的印尼首都雅加達，當時荷蘭人的東印度公司以這裡為總部，向其他地方擴張據點，臺灣也是據點之一。

地。我行文到大員長官那裡，要求他向巴達維亞方面反映，想不到巴達維亞方面竟然回說『沒這回事』，真是欺人太甚了。」

說到這兒，鄭成功不禁拍桌大罵，嚇得那兩個大員商人汗水直淌，都不敢再開口，連忙向鄭成功告辭。

鄭成功氣稍消後，有些懊悔不該對大員來的商人生氣，因為，他們也是被荷蘭人統治，無奈的一群呀！

到了晚上，鄭成功宴請那兩名大員來的商人，算是為白天的事表示一點歉意。

席間，鄭成功問起在大員漢人生活的狀況，那個年紀較長的商人回說：「郭懷一事件＊後，咱們漢人的處境是一日不如一日，事件後荷蘭人殺了四千多位漢人男子，涉案被俘的六個首領中有三個被刑求後，招供說國姓爺您

那年中秋節，計劃派三百艘船和三萬人去援助大員漢人。因此，荷蘭長官認為我們漢人的心都是向著您的，對我們也就更加的殘酷了。」

另一個商人也說：「如果不是為了躲避韃子，我們也不會渡海到大員討生活。唉！紅毛番＊只想賺錢做生意，根本不在意我們的生活，現在又⋯⋯」

「我白天已經說過，貿易禁令這件事情找大員長官，他們沒有誠意的話，我是不會讓步的。」鄭成功堅決的態度，讓這兩位大

放大鏡

＊郭懷一事件　1652 年，荷據下的臺灣漢人生活困苦，又要負擔荷蘭人重稅，這時不斷流傳著鄭成功大軍將攻打臺灣的消息，使得郭懷一堅定反荷的決心。於是在中秋節前夕，密謀要邀荷蘭官員到他家賞月，再趁機將他們消滅。不料，因有人告密而失敗。他只得率領部下直攻普羅民遮城，不幸戰死在城下。

事後，荷蘭人展開報復性的大屠殺，估計被殺漢人男子四千人以上，婦女和兒童五千人以上。

＊紅毛番　指荷蘭人。因為荷蘭人頭髮偏紅，又漢人常稱呼原住民或外國人為「番」，這是不敬的稱呼。

員商人又碰了一次釘子。

最後，這兩個生意人回大員找荷蘭新任長官揆一轉達鄭成功的意思，揆一也想和大陸沿海做生意，就召開會議，決定派特使何斌到廈門向鄭成功表達善意。

何斌原來是鄭芝龍以前的部下，因留居大員而被荷蘭人重用，擔任翻譯的工作。荷蘭人會請他當特使，一方面是信任他的才能，一方面則是因他與鄭芝龍的交情。

何斌見了鄭成功，轉達大員荷蘭官方的意思：「大員長官希望能和國姓爺解開誤會，和國姓爺繼續做生意。」

鄭成功知道何斌是父親的舊部下，覺得特別的親切，講話客氣多了：「如果不是巴達維亞公司欺人太甚，我怎麼會這樣做呢？在大員還有許多漢人，他們不是漳州人就是泉州人，說來也是我

的同鄉，我也不希望他們無法做生意呀！」

「國姓爺這樣說就好辦了，大員方面以後每年輸稅五千兩，另奉箭枒十萬支，硫磺一千擔，請求您取消海上禁令，開放通商。」

「哦？」鄭成功嘴角微微泛起微笑：「大員方面還算把我看在眼裡！我可以考慮接受這個條件，不過，我還有一件事──大員的商船幾乎都是受我國姓爺的船隊保護，但是他們卻常常到了目的地才繳稅，稅金往往不是繳到我這裡，還有些商人根本不向我繳稅，所以我認為應該派人在大員就地抽稅。」

「這不是我能決定的，我今天來只談通商的事，其他的事要看大員長官的意思。」何斌回話。

「好！你回去後向大員長官提出我的要求，至於收稅的人，

我的叔父鄭泰推薦由你來負責，你也考慮考慮吧！我們會撥一部分稅金拿來作為你的酬勞，你可以大賺一筆的。」

「謝謝國姓爺，只要能為國姓爺做事，我是很樂意。」

鄭成功看何斌處事明快，心中頗有好感，不禁想起自己的父親來：「當年父親曾在臺灣住過一段時間，我真想有一天也到臺灣去看看。」鄭成功長嘆一聲：「他被困在北京受苦，生命隨時不保。大概很難有機會再到臺灣了。」

「國姓爺，您不只該到臺灣走一走。」何斌意有所指的說。

可惜鄭成功沒有意會過來，他心中正想著父親的種種。

11

準備北伐

　　鄭成功在永曆十年就有北伐的計畫了，當時，與清廷的和議已經完全破裂，加上剛在海戰中大敗清軍，鄭成功覺得應該乘著氣勢正盛，一舉攻入南京，號召南方福建、廣東、貴州、雲南這些地方的豪傑起來響應，形成一股反清的強大勢力，這樣勢必能將清朝趕出江南。

　　但是，這時前衝鎮黃梧卻叛變投降清朝。

　　黃梧會叛變，是因為永曆十年正月，鄭軍和清軍在廣東揭陽大戰，鄭軍大敗，當時鄭軍的將帥是蘇茂與黃梧。

　　鄭成功素來治軍極嚴，對於戰敗的將領治罪更是嚴酷。現在蘇茂打了敗仗，再加上當年他私藏施琅，並且協助他逃走這件

事，鄭成功早就風聞，只恨沒有直接證據將他治罪，鄭成功便借此依軍法判他死刑；黃梧則被罰鎧甲五百領。

黃梧雖然沒有被判刑，但是心裡對鄭成功卻大為不滿:「鄭成功這個人真是寡情薄義呀！打了十幾場勝仗，常常毫無獎賞，偶爾一場敗仗，就要斬首治罪。五年前他誅殺施琅全家，就令人覺得他太意氣用事，就算施琅有不是，也不需要誅殺他全家呀！這次兵敗揭陽，實在是天意，並非我們指揮不力，蘇茂被處死，接著不就是我了嗎？再不逃亡，豈不是等著送死?」

當晚，黃梧就向清軍投降了。

黃梧是海澄統帥，他一投降，清廷馬上派軍入海澄，接收城中原有的大量糧草、軍器、戰甲與黃金，使得鄭軍儲備很久，

準備北伐的重要物資損失殆盡。

雖然如此,鄭成功仍然再接再厲,積極準備北伐。首先,他命令部隊修造戰船,準備武器、炸藥,與荷蘭恢復通商後,也向荷蘭人進口大量的箭杆、硫磺等物資。

其次,在人力方面,先淘汰軍中的老弱殘兵,再積極訓練青壯人員。尤其是對長江水道熟悉的引水人員,更為重視,因為北伐時戰船要開入長江,必須有對長江水道熟悉的人員。

最後,則是貯存大量的軍糧,因為,金門、廈門本是海上小島,生產的糧草並不多,鄭軍要長征久戰,就必須長期派人到大陸沿岸取糧。

鄭成功盤算一切準備俱足,就召開軍事會議凝聚各鎮將領的共識。

會中,鄭成功先說:「我起兵

對抗韃子已十年有餘，多次征戰，卻只能占有金廈這一帶，大明江山卻多為韃子蹂躪，令我羞愧，因此，我決定北伐，請各位提供意見。」

工官馮澄世馬上呼應：「我們在福建、廣東這一帶十幾年了，很多土地得而復失，失而復得，最後，卻只能擁有金廈這兩個小島，為什麼我們無法擴大占領區呢？這是因為各地的豪傑並沒有起來響應，為什麼他們沒有起來響應？因為，我們僅僅在漳州、泉州、福州這一帶征戰，我們沒有攻下具有象徵意義的重要城市，如果能占領具有象徵意義的城市，就能號召天下，各地的英雄豪傑才會響應我們，我們反清的勢力才會壯大。」

鄭成功問：「你們認為哪一個城市具有象徵意義？」

「我認為是南京。」許多位將

領都提出相同的看法。

甘輝卻發表了不同的意見：「大家應該不會忘記上一回我們全師南下勤王的事吧？那一次廈門被破，所有的物資被劫一空。今天如果要進軍南京，勢必要調動數十萬大軍，金門、廈門後防空虛，難保上一次的事情不會重演。」

「可是，」潘庚鐘發言：「我們如果死守這二個小島，每一次都僅能攻下漳州、泉州或者福州，等到有一天，韃子攻下貴州、雲南、廣西後，必然將全部兵力對準我們，到時候，我們如何能對抗韃子的強大兵力？」

甘輝即刻回說：「可是，目前韃子不一定能打敗貴州、雲南、廣西的孫可望和李定國＊呀！只要他們沒有被擊敗，韃子是不可能傾全力來攻打我們的。」

鄭成功看將領各持己見激辯

不已，就請參軍陳永華＊發表意見。

　　陳永華是一位年輕的讀書人，對天下大勢有獨特的見解，他說：「我們在福建已經十幾年了，征戰不下百回，卻始終無法完成復興大業，為什麼？我認為這是因為我們沒有攻占軍事上的重要位置，至於中國南方軍事上最重要的位置是哪裡？我認為是長江，唯有攻進長江流域，截斷韃子南北的糧道，我們才能進可取中原，退可守兩島。」

　　鄭成功想了想接著說：「陳參

放大鏡

＊孫可望、李定國　兩人在明末隨張獻忠起來反抗朝廷，張獻忠死後，兩人一起抵抗滿清，曾攻下貴州、湖南、四川、雲南一帶。不過，孫可望私心太重，出兵攻打李定國，失敗而降清。李定國堅持抗清，最後憂憤病死。

＊陳永華　福建同安人，原本是一位讀書人，因反清才棄文從武，加入鄭成功部隊。鄭成功父子都非常敬重他，鄭成功去世後，鄭經請他擔任相當於宰相的「諮議參軍」，後來鄭經率軍隊遠征大陸，陳永華留守臺灣，國事全都由他主政。他重視民生，教民煮鹽、燒磚，又重視教育，興建孔廟。永曆三十四年（1680年），因病逝世。

軍的意見深得我心，我早已經準備好要進攻長江。我想派人到廣西請孫可望、李定國聯合西南各地的兵力，沿長江到江南和我們會師，這樣一來，我們就可以占領整個江南了。」

「可是，外傳孫可望和李定國已經失和。要他們兩人一起響應我們，可能有難處。」有將領提醒鄭成功。

「嗯！這我也有聽說，」鄭成功答:「我想李定國仍忠於明朝，孫可望倒是較令人擔心，不過，事在人為，相信他們會一起共襄盛舉的。」

於是，鄭成功寫了書信，派人專程去說服他們。

永曆十一年七月，鄭成功親自率領五萬軍士北上，攻閩北的黃岩、台州、仙居縣等地，但是，閩北海岸線太長，清軍從中突擊，鄭軍首尾無法相顧，又恐

清軍襲擊廈門，只好急急班師回廈門。這是一次帶有試探性的軍事行動，鄭軍意在使水師熟悉浙江沿海的地形，以作為大規模進攻長江的準備。

永曆十二年三月，在一次軍事會議中，鄭成功提出了一個在心中醞釀許久的想法：「去年，我們打敗清軍時，得到一件鐵甲，最近我一直想起小時候，在日本時看過日本武士也這樣穿，如果我們的士兵也穿上鐵甲，一定會更加勇猛。」

馬上有一個將領反對：「那鐵甲將近三十斤，韃子的騎兵可以這樣穿，是因為騎在馬上，我們的士兵靠雙腳行進，穿這麼重怎麼行軍？尤其水軍常常要涉過沙灘或泥巴路，鐵甲這麼重，怎麼行動？」

「嗯！你講的有理。」鄭成功答。

一位將領發言：「我們可以把全身披掛的鐵甲改為披到膝蓋為止，這樣就不怕泥巴路了。至於臉部可以加上鐵面，露出兩目。」

「可是，這麼重的裝備，士兵受得了嗎？」另一位將領提出疑問。

甘輝說：「鞋子可以穿，我們就可以穿，我認為訓練可以克服，只要平時要求士兵兩腳綁上沙袋來操練，久而久之，士兵就會習慣這種重量，將來上戰場，即使穿上鐵甲，也會行動自如。」

「這樣吧！先挑選身體強壯、能舉起三百斤巨石的步兵來訓練，訓練完成後，再擴大部隊的編制，這支部隊，我要親自校閱。」

不久，鄭軍訓練出一支五千餘人的鐵人部隊。另外，鄭成功又挑選一批身手矯健，善於翻滾的兵士，組成「藤牌兵」，這些

士兵左手拿藤牌保護身體，右手
揮刀砍殺敵人。

經過了嚴格的訓練，鄭軍已
有和清軍一較高下的實力了。

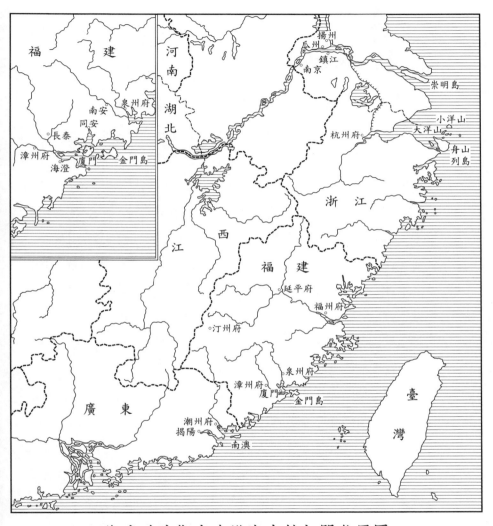

鄭成功時期東南沿海各地相關位置圖

12 揮師北伐

　　永曆十二年，鄭成功率領近十萬名的士兵，分搭近千艘的戰船，浩浩蕩蕩向長江流域前進。鄭軍很快就攻下浙江沿海的平陽、瑞安，並且在這兩地取足了七個月分的糧草，接著攻溫州、舟山、羊山。鄭成功對於經過的各州都棄而不取，希望迅速攻入長江。

　　船隊開至溧泗列島，在大小羊山停了一日。第二天中午，忽然黑雲捲起，風向變得詭異。鄭成功即刻傳令小船靠山躲避，大船到海灣處下錨。

　　沒多久，風浪洶湧，霹靂漫天，雨大得如同傾天河而奔來，海面烏黑如墨，人們連面對面都看不到。無盡白浪，滔天壓頂而來，船桅折斷聲此起彼落，接著

呼救聲、驚惶逃難聲、慘叫聲，夾雜著船艙互撞的聲音，瀰漫在海面。

鄭軍士兵雖然大都長久在海上漂泊，歷經海上各種風浪，但是從沒有遇過這樣的情況。十萬大軍被大自然如螻蟻一般擺布，卻也莫可奈何。

鄭成功緊握欄杆，卻仍無法站起身子，只能伏在角落，全身被大浪打得溼透，好幾次大浪幾乎將他的船沒頂蓋下，他看著無盡的墨暗，心中不禁暗暗祈禱：「上天啊！祢要亡我嗎？國恨家仇未報，求祢讓我軍平安度過難關，讓我大明能收復失土呀！」

如此折騰了近六七個小時，烏雲總算慢慢散去，雨勢漸歇，波浪稍緩，大海終於恢復了平靜。鄭成功收拾心神，馬上命令左右快救人。可是，夜色已臨，大家僅能憑著呼救聲救人。

　　稍晚，清點損失——溺死的士兵達八千餘人，船被浪擊碎近百艘，沒毀的也大都斷桅折舵，不堪征戰了。

　　隔了幾天，鄭成功召集將領開會，會中不少將領提出：「船上許多北方來的士兵逃走了，這次的大風浪讓他們再也不敢留在船上了。」

　　也有不少將領建議：「暫回廈門，修理好船隻再興師北伐吧！」

　　鄭成功則始終堅持：「既然已經出師，就沒有回去的道理。」

　　但是他也考量船隻需要修理，人心需要撫慰，就下令：「退師舟山，整頓船隻。」

　　過了二十幾天，破損的船隻大體都修復了，但軍中存糧也已不多，鄭成功遂召集各將領，說：「我們的糧食已經不足了，現在請各位率領弟兄到沿岸州縣取糧。」

鄭軍沿著浙江沿岸攻城、取糧，並加緊造船、操練。直到隔年南風吹起，才開始沿著海岸線北上。戰船抵達長江口的崇明島時，張煌言＊建議：「崇明是江海出入的門戶，而且容易防守，不如先行攻下，當做我軍的固定根據地。」

鄭成功卻有不同的看法：「崇明城守備滴水不漏，要攻下此城一定要花很多時間，不如先攻入長江，奪取瓜州，截斷清廷的糧道，這樣一來，崇明沒有糧食補給，便不攻自降了。」

於是，大軍又航行了二十幾

放大鏡

＊張煌言 （1620～1664 年）南明大臣，也是文學家。崇禎年間舉人。他於弘光元年（1645 年）起兵抗清，後來隨魯王逃至浙閩沿海，後入據舟山。永曆八年，與張名振北伐，入長江，部隊抵南京燕子磯。永曆十三年，與鄭成功分兵北伐，收復四府、三州、二十四縣。不久，因鄭成功兵敗於南京，孤軍無援，只能返回浙東。後見反攻無望，便解散軍隊，隱居起來。不久被清兵俘獲，殺害於杭州。

天，到達瓜州。瓜州位於長江之北，和鎮江隔長江相對峙，是南京的重要門戶，清廷知道瓜州的重要性，因此，特別在瓜州加強防務。

清廷在鎮江至瓜州十里的江心，裝設了名為「滾江龍」的長壩，這種長壩用廣達三丈的巨木截斷江流，上面甚至可以行馬。左右木柵有洞，設有大炮，以射擊敵人。同時用粗大的繩索牽引木壩兩端，以抗拒江上行駛的戰船。清廷還在江岸兩邊設置炮臺，控制江面，而且還在上游處放置「浮營」，這是一種用大杉木板釘圍起來的水上橫形堡壘，裡面可以容納五百名士兵，四十門大炮，從上游直衝而下，下游的船隻一被碰撞馬上粉碎。

鄭成功馬上召開緊急軍事會議，會中有將領提議:「清軍已在江上布置重兵及各式機關，如果

我們硬闖，恐怕會造成很大的損傷；不如先派幾艘戰船假裝要攻擊滾江龍，等到船一靠近，韃子一定會發射大炮，這時我們的船馬上撤回，這樣反覆磨個幾天，等到滾江龍裡的炮彈用盡時，才真正發動攻擊。」

「這是個好方法，」鄭成功馬上下令:「全軍分三路進攻，一路攻兩岸的炮臺，一路直攻瓜州，一路帶善於游泳的士兵斬斷滾江龍後，馬上潑油焚燒滿清浮營。」

鄭軍依令果然攻下瓜州，接著分兵兩路，一路由水路攻打南京，另一路登陸攻取鎮江。陸路由鄭成功親自率軍，清軍馬上調派一萬五千名士兵前來支援，而其中有近一半兵力是騎兵。

鄭成功對於陸戰一向最忌憚滿清騎兵，此時兩軍營壘相對，鄭成功不禁憂心忡忡。

「韃子的騎兵橫掃中國，兩

年的時間就幾乎打遍大江南北，不知道我訓練出來的鐵人部隊和藤牌兵有沒有勝算。」想到這場戰爭，鄭成功每一晚都難以成眠：「自滿人進入中國以來，從沒聽說有步兵戰勝騎兵的戰役呀！騎兵猛力的衝撞，幾乎沒有步兵能阻擋得住。只要陣勢一被衝破，步兵就只能任人踐踏了。」

鄭成功因此一再召集將領訓誡:「陣勢絕不可以破，在戰場上後退的士兵，格殺勿論。」

到了第三天，兩軍相遇，清軍的騎兵快馬加鞭，想要衝破鄭軍步兵陣勢，鄭軍堅固如山，清軍連衝三次，都無法衝破，忽然，鄭軍步兵三人一組狂奔而來，突進到了馬下，一人拿藤牌掩護，一人砍馬，一人砍人。清朝騎兵很快被鄭軍的鐵人部隊和藤牌兵殺退，死亡人數超過三千人。

　　鄭軍一舉拿下瓜州和鎮江，震驚清廷，威名更是響遍江南，大江南北有五個府、三個州、三十一個縣納款歸附。

　　鄭成功英雄氣概十足，望向南京，想像自己帶著大軍進入南京城的情景：「南京雖然不是我的故鄉，但卻是中國故都，若能攻進南京，總是有衣錦還鄉的感覺。」他不禁想起十五年前在南京求學的情景，那時他曾夢想當一名大儒呢！想不到造化弄人，現在他卻是一個震撼天下的武將。

　　但他馬上又被新煩惱困擾：「要守住瓜州和鎮江，還是要進攻南京？如果要攻取南京，主力是走陸路還是走水路？」

　　他在軍事會議中提出這些問題，馬上引來將領的熱烈討論。

　　有將領說：「南京城池廣闊，要攻進去很不容易，一定會損傷很多兵力強攻，不如固守瓜州和

鎮江，再派兵收復附近的揚州等地，這樣可以截斷清廷的糧道。」

甘輝也說：「只要守住瓜州，那麼山東等北方的清軍就無法南下；守住北固，則清軍浙江、安徽的路就不通了，這樣一來，不用兵力強攻，南京也可以收復。」

可是，鄭成功對南京卻有一份特殊的感情，他說：「攻下南京便可以號召天下豪傑。」並且主張：「兵貴神速，應該馬上進攻南京。至於留守的士兵只要兩鎮的兵力，守住瓜州、鎮江即可。」

至於要走水路或陸路呢？

甘輝主張：「我認為走陸路，只要不分晝夜的趕路，很快就會抵達南京城下。」

但是馬上有將領反對說：「士兵幾經征戰，大多已經受傷，不比剛上戰場的時候，而且，現在是炎熱的六月天，士兵們恐怕承受不了背著沉重的裝備日夜趕

路。如果遇到梅雨，很多的河溝
更是沒法渡過，所以，最好是走
水路。」

鄭成功本想由陸路進兵，但
考慮士兵都已疲累，又因下大
雨，不利陸上行軍，就決定由水
路進軍。因而拖延了七、八天，
讓南京城內的清軍有了準備的時
間。

13

南京之戰

　　鄭軍抵達南京後，便團團圍住南京城。這時城內主要由清朝的江南總督郎廷佐、巡撫蔣國柱、提督管效忠三人負責統帥。郎廷佐看到鄭軍來勢洶洶，南京城內兵力又不足，便命令部下堅閉城門，不許出戰。

　　鄭成功大軍圍住南京，潘庚鐘馬上建議說：「現在城內必然沒有多少兵力，我們應該趁這個時機，架設雲梯從四面攻城，南京城一定唾手可得。」

　　可是，鄭成功因為連番勝仗，心中躊躇滿志，認為：「南京附屬的小地方都歸附了，南京城變成一座沒有支援的孤城，不久後一定會投降的。」因此並不急著攻城。

　　這時南京城內派使者前來觀

見，使者一見鄭成功便說：「您的大軍到這裡，按理說我們應該馬上開門請您們進城。奈何我們清朝有個規定：守城的人如果能守住三十天，城池最後雖然被攻破，罪刑不會加到妻兒的身上。現在我們的家眷都在北京，是生是死全看我們能守多久，所以，我謹代表南京城內的眾將士乞求您寬貸三十天，時限一到，我們馬上開城投降。」

鄭成功竟答應了清軍的請求。

潘庚鐘馬上向鄭成功勸說：「這是緩兵之計，不可以輕易的相信，我們還是快攻進城內才是。」

鄭成功這時心中滿是驕氣，說：「我軍從舟山一路打到這裡，每戰必勝，攻城皆破，他們哪敢用什麼緩兵計，必定是真心要投降。」

潘庚鐘又說：「兵不厭詐，他們如果真要投降，哪會有那麼多顧慮？一定是城內兵力不足，使用緩兵計。國姓爺，請明察！」

鄭成功依然不聽潘庚鐘的勸告。幾天後，各提督統領晉見鄭成功，甘輝又勸說：「我軍久屯城下，卻始終沒有攻城，我擔心支援的韃子大軍趕來，我們勢必得多花一番功夫才能攻城，請求您快下令全力攻城。」

鄭成功對甘輝說：「南京城牆高水又深，易守難攻，自古以來，攻城奪縣，一定會死傷很多人。而且，我軍最擅戰的是水師，攻城要用步兵，我軍步兵並不善於攻城，我相信清軍真要投降，如此一來，我們才能減少步兵的損失。」

甘輝又說：「我軍遠離金廈，孤軍深入，最怕的就是拖延時間，時間一拖長，糧草就不濟，

而敵軍卻會聚集更多，就算現在我強敵弱，再拖個十來天，對方援軍一到，局勢就會變成敵強我弱了。」

鄭成功搖頭，說：「這個道理我知道。可是，為了保存軍隊的實力，就要減少攻城的傷亡，現在韃子說要投降，我相信他們，就是希望減少我軍戰鬥的傷亡。」

過了幾天，鄭軍收到消息，知道清朝支援的軍隊已經逼近，戰事一觸即發。鄭軍預料清軍會從前鋒、右提督二營方向攻來，便調集部隊趕往二處支援。

自從鄭氏大軍圍困南京城以來，城內的清朝水師總兵梁化鳳日夜都上城觀察，他看到鄭軍隊形緊密，真的是無懈可擊。一天，他巡到了東北角，見到城外的鄭軍疲累無力。忽然，他想到這個地方原來有個叫神策門的城門，因為出入的人很少，所以用

磚泥封住了。

梁化鳳心生一計。

清軍支援一到，便發動炮火攻擊，等到鄭軍被炮火打得到處躲竄時，梁化鳳命人連夜悄悄將神策門挖開，趁著暗夜，帶領五百騎兵從那裡衝出城來，直衝鄭軍，鄭軍沒有防備這一著，前鋒鎮、中衝鎮馬上被打敗。其他城內的清兵，看到鄭軍敗退，也齊開城門衝向鄭軍。

隔天清晨，數萬清軍自水陸兩路攻來，此時鄭軍正在移營，鍋灶、營壘都還沒有放置妥當，只能倉促應戰。加上鄭成功有令：「沒有我的命令，不允許將領率隊出戰。」此時鄭成功卻坐鎮山上，與各營距離很遠，命令無法即時傳到，以致部隊無法相互支援，終致慘敗。

最後，鄭成功見大勢已去，緊急帶領潰軍登上戰船，令左衝

鎮在後掩護，逃離南京城。

南京一戰鄭軍損失士兵達兩三萬人，很多名將都失蹤了。唯一值得慶幸的是：水師沒有受創。

鄭成功落寞的乘著戰船順流而下，二十幾天前，還夢想著進入南京城的榮景，現在卻如喪家之犬，幾名大將至今生死未卜。

鄭成功的部隊退到鎮江，整隊清點，停留了三天，他下令放棄瓜州、鎮江，揚帆向下游而去。

正當鄭成功的水師航過焦山時，忽然有一艘小船航向他的艦船，聽到小船裡有人大聲呼喊：「我是羅蘊章總兵的姪兒。」

鄭成功一看，是鎮江的書生羅子木，就讓他登船。羅子木一見鄭成功，便義憤填膺的說:「您花費了十年準備北伐，卻只因為南京戰敗，就要放棄了復興明朝

的大業嗎？這樣豈不是辜負天下人殷切的期望？」

鄭成功心裡非常難受，他知道自己退兵的決定必讓天下人失望，可是，他的主力部隊幾乎損失殆盡。而且，清軍剿戰雲南、貴州的大軍已經戰勝，極可能轉到福建來。如果真的如此，金廈極為危險，為了保有金廈基地，他不得不忍辱下令撤退。對於羅子木的質問，他無言以對。

羅子木接著說：「您現在應該重整兵力再接再厲，怎能因為這個小挫折就喪志？現在清軍打了勝仗，一定驕傲惰散，如果我軍調過頭來，向上游攻去，必定能奪回南京。失去了這個好時機，以後要再振作起來，就很難了。」說完，他握著鄭成功的手不停號哭。

鄭成功沒有答話，示意左右扶他下船。

　　這是鄭成功一生中最難堪的時刻，他清楚現在退兵而去，不僅失去了南京、瓜州、鎮江，更失去了天下人對他的信心。這次長江沿岸許多響應他而歸降的城鎮官員，事後必然會遭清廷查辦，而有牢獄之災，甚至丟了身家性命。他背棄了他們，以後難再獲得天下人的信賴了。

　　鄭軍順江而下，到了吳淞港時，鄭成功擔心清兵南下攻擊金廈兩島，先行派蔡政前去向清廷議和。快到崇明島時，鄭成功召集各將領，商議是否要進攻崇明島。由於甘輝與潘庚鐘都不在身旁，幾乎沒有其他將領和他討論，最後鄭成功決定攻打崇明島。

　　鄭成功獨自站在甲板上，對著浩蕩的長江想起了甘輝：「甘輝，如果你在的話，會不會贊成我攻打崇明城呢？我想攻下崇

明，作為根據地，也想藉著這個行動，讓清廷知道我還有實力，迫使他們和我和談，如此，他們才不敢輕易的派人攻打廈門。還有一層原因——我想尋找你們呀！甘輝＊。」

　　只可惜，清軍死守崇明城，最後，鄭成功接受了周全斌的勸告，決定不攻崇明城。過了二十幾天，鄭軍終於退回廈門。從準備到進軍，前後歷時三年多的北伐，就這樣無功而返。

＊甘輝於南京城一役被清軍擒住，不屈而死。

14

防禦金廈

　　鄭成功回到廈門，蔡政從北京回來覆命：「清廷起初很樂意和我們和談，後來卻反悔了，清朝皇帝甚至派人要追捕我。我好不容易才逃回來。」

　　鄭成功知道清廷主戰派的氣勢已經上揚，金廈兩島難免一場血腥大戰。於是，他馬上命令部隊囤積糧草、整備軍器，準備隨時迎拒強敵。

　　永曆十四年（1660年）初，清廷派安南將軍達素為元帥，進駐福州，調動福建、廣東、浙江三省二十萬軍隊，準備一舉殲滅鄭成功。

　　這是鄭成功生死存亡的一戰，金門、廈門究竟只是彈丸小島，後面便是波濤洶湧的海峽，可說已毫無退路。

　　鄭成功接獲清兵動向的密報，不禁擔心：「清兵開始徵調小船，看來，他們不是要在海上決戰，而是打算登陸，金、廈若變成戰場，這些官兵的家眷會不會被波及？如果能將他們安頓到遠方，讓官兵沒有後顧之憂，才能全心作戰。」

　　鄭成功向幾位將領與官員提出這個想法。

　　陳永華說：「安頓家眷，應該遠離大陸沿海，我認為最好的地方是澎湖、臺灣。」

　　鄭成功回應說：「陳永華的看法和我相近，我想派前提督黃廷、戶官鄭泰＊率部隊到臺灣，安頓各位將領官兵的家眷，你們覺得如何？」

　　周全斌說：「清軍馬上就會進

　　＊鄭泰　鄭成功的堂兄，長期擔任戶官，管理財務與對外貿易的工作。

犯，如果我們派去臺灣的軍隊又和荷蘭軍隊打了起來，豈不是腹背受敵？而且，我們對臺灣的荷蘭人了解不多，部隊又要橫渡黑水溝＊，黑水溝波濤洶湧，很容易出意外，就算到了臺灣，萬一部隊被打敗，家眷被擄，官兵還能安心打仗嗎？」

鄭成功思考良久，決定說：「大家都說黑水溝寬廣無際，水黑如墨，船隻很容易迷航、翻覆，加上我們還不熟悉臺灣，眼前又有大軍壓境，確實不該妄動，我們還是全力準備應付清軍吧！」

過了幾天，何斌前來求見。他因為在臺灣協助鄭成功徵收稅

放大鏡

＊**黑水溝** 《臺灣縣志》提到黑水溝是在澎湖到廈門間，一片寬廣達六、七十里的海域，這一帶海流湍急，水深無底，水色墨黑，船隻很容易迷航，是一段很危險的海域。而根據近代海洋科學家的研究測試，臺灣海峽中以澎湖水道海流最為強勁，認為這一帶是名副其實的「黑水溝」。

款，被荷蘭人發現，不只因此被解除職務，還被依法審判。雖然最後被判罰錢了事，免除牢獄之災，但何斌因此對荷蘭人不滿，就收集了荷蘭的軍事資料，準備說服鄭成功攻打臺灣。

何斌一見到鄭成功劈頭就說：「臺灣是個難得的好地方，土地肥沃，良地千里，是個可以讓國姓爺稱霸一方的島嶼。」

何斌這幾句話，讓鄭成功眼睛一亮。

接著，何斌繼續說：「臺灣米糧充足有餘，還生產硝礦、硫磺，木材、銅、鐵產量也很多，而且四面環海，海上交通極為便利，是發展海上貿易的最佳據點。如果取得此地，十年生聚、十年教訓，絕對可以國富兵強，足以和清廷相抗衡。」

說完，還獻上一張地圖，並且向鄭成功說明鹿耳門水道的情

形。

「你對黑水溝了解多少?」鄭成功馬上問自己最關心的問題。

「國姓爺是水中蛟龍,渡過黑水溝對您的大軍來說不是難事,但是也不能大意,尤其冬季北風起時,白浪翻滾;夏秋颱風來時,波浪滔天,萬萬不可強渡。最好是春季南風起,海象平穩時再渡海攻臺。」

「依你看,我要攻下臺灣難嗎?」鄭成功被何斌說得興趣大增。

何斌篤定的說:「只要您下令進攻,加上嚮導帶路,臺灣可以說是唾手可得。」

鄭成功很感謝何斌提供的資訊,趨前緊握何斌的手說:「如果有那麼一天,你一定要為我帶路。」

何斌點頭稱是。

不久,清軍迫近,鄭成功將

官兵家眷遷到金門，準備全力一搏。

　　這時，清朝的福建總督李率泰有一個部下叫張應熊，張應熊有一個姪兒叫張德，在鄭成功的廚房工作。李率泰就令張應熊帶著一顆叫「孔雀膽」的毒藥，偷偷溜進廈門，用大筆金錢買通張德，要張德趁機毒死鄭成功，可是張德膽小，自己不敢下手，就又收買徒弟王四下手。一天，鄭成功召集各將領開會，到了用餐時，王四負責上菜，卻手腳發抖，幾乎無法端菜，他的父親覺得奇怪，逼問他，他才坦白說出原由，王四的父親馬上帶他向鄭成功自首，鄭成功才逃過一劫。

　　四月二十六日，清軍水師二百餘艘出泉州港，在海上遭逢等待多時的鄭軍水師，兩軍展開激烈大戰。五月初，黃梧由廈門南方海澄渡海來攻，而達素則由廈

門北方同安渡海進擊，鄭軍利用風勢與潮勢向清水師衝戰，鄭軍大勝，清兵被殺大半，屍體遍布海面。施琅與達素駕小船倉惶逃走，達素返福州後，怕清廷問罪，就吞金自殺了；施琅則逃回駐紮地同安。這次清兵大敗使施琅深刻體認到：要打敗鄭軍，必先縝密謀劃，嚴密布署，尤其必須有訓練精良，熟悉海戰的水師*。

放大鏡

＊施琅降清後，雖然參加過一些戰爭，但長期不被重用，直到 1656 年，才開始受到重用。1683 年，施琅率領滿清水師攻克臺灣，鄭成功的孫子鄭克塽投降，鄭氏王朝宣告結束。

15

準備攻臺

　　鄭成功雖然打敗了滿清大軍，但是，清軍損失有限，清廷又已經控制西南，依照這個情勢來看，清軍隨時會捲土重來。如果清軍水師利用包圍戰術，將金門、廈門兩島團團圍住，那麼鄭軍將疲於防守。即使能應付得了一時，要是清軍久圍不去，鄭軍可能會有斷糧的危機，而且官兵家眷又在島上，也使將士們無法安心作戰。

　　鄭成功為此盤算著：「我一定要為這些將領、士兵們找一塊進可攻，退可守的根據地。」

　　他想起了何斌提起的臺灣，於是，他召集幾個重要的幹部開會討論，提出進取臺灣的想法。

　　宣毅後鎮吳豪馬上反對，他曾到過臺灣，是鄭軍中對臺灣最

了解的人，他說：「大軍要到臺灣充滿了危險。首先是要先渡過黑水溝，黑水溝水深無底，激浪衝天，民間流傳一句話說：『六死三留一回頭』就是說明橫渡黑水溝的凶險。」

鄭成功眉頭微皺，問道：「什麼是『六死三留一回頭』？」

吳豪說明：「這是民間描述橫渡黑水溝的危險，如果有十人過渡，會有六人死於海上，三個安全留在臺灣，一個人會選擇回頭。」

鄭成功點點頭，說：「如果是我們的大船，成功橫渡的機會應該很高才對。」

吳豪接著說：「大軍進入臺灣後就更危險了。一入臺灣是一大片平原，現在被紅毛番所占據，他們在那裡築有兩座城，一座在赤崁，一座在鯤鯓，扼守入臺要道。荷蘭人在城堡靠水的一邊設

有堅固的炮臺，凡是船隻要登陸，一定得從炮臺前經過，而且這兩座城都很堅固，想要攻進去，根本不可能。」

鄭泰也說：「我們才剛打完一場戰爭，目前軍中的武器和存糧都有限，我建議暫時不要攻打臺灣。」

鄭成功聽了兩人的意見，心裡也猶豫不定，不敢下什麼結論。可是，何斌的話一直縈繞在鄭成功的心中，憧憬著臺灣沃野千里的情景。

「只要我取下臺灣，有了臺灣豐富的資源，還怕清廷動員幾十萬兵力？」

這時臺灣的荷蘭人正傳言鄭成功將派兵攻臺的消息，因此向南方的巴達維亞總公司告急。巴達維亞方面懷疑鄭成功真的會攻打臺灣，且增援臺灣開銷很大，因此勉強派來了十二艘戰艦與一

千四百多人前來支援。但等了七個多月，鄭軍仍沒動靜，荷蘭人內部起了爭執，艦隊指揮官憤而率隊離開臺灣，最後僅留六百多名士兵和五艘船艦在大員。

　　鄭成功已下了要攻打臺灣的決心，永曆十五年正月，他駐廈門，下令大修船隻、整理兵器、籌辦糧草。恰好，二月五日，清順治皇帝忽然死了，繼位的是才八歲的康熙皇帝。鄭成功認為，這時滿清皇帝才剛上任，還是個小孩子，他不會派軍隊來攻打金廈。鄭軍如果要攻打臺灣，現在是最好時機。

　　於是，他召開祕密會議。

　　會中，他堅決的說：「我決定要攻打臺灣，據為根據地，安頓大家的家屬。臺灣離金廈不遠，加上可以廣通外國，進則可以收復故土，退則可以固守。」

　　文武官員都面有難色，吳豪

又起來反對說：「國姓爺，並不是我不想盡力，實在是橫渡黑水溝很危險，而且荷蘭炮臺太厲害，即使我們有諸葛亮的奇謀也派不上用場。」

鄭成功聽了很不高興，說：「你這是世俗之見，對我想做的事沒有一點幫助。」

前提督黃廷也附和吳豪說：「如果紅毛番的炮火真的像吳豪說的那麼厲害，而且船隻又一定要走炮臺下的水道，這樣我們如何攻進？」

馬信＊緩頰說：「不如我們先派一旅士兵前去探望，收集情報。如果情資分析結果可以攻打，就全力攻打；如果難攻，再

放大鏡

＊馬信　陝西人（一說是遼東人），他原本是清朝的軍官，後來投靠鄭成功。在鄭軍攻臺的軍事行動中，他是先鋒，登臺後他負責圍攻熱蘭遮城。鄭成功逝世七日後，馬信因悲痛染病而亡。

做別的打算吧！」

鄭成功聽完，怒氣稍緩，認為這是「因時制宜、見機而動」的看法，可以考慮考慮。

吳豪卻又激動的說：「我去過臺灣很多次，怎麼會不了解那裡的情形？既然我知道那裡的情形，又不勸阻，只會附和國姓爺您的說法，以後如果誤事，我豈不是罪過了？」

大家又議論紛紛，沒有結論，陳永華站起來說：「任何事都要先盡人力去做，成敗就交由上天去決定。我認為應該盡了人事去試一試才對，當然，要攻與否，就看國姓爺您裁決，我們依令盡力執行。」

這時楊朝棟也主張可以征臺。鄭成功見陳永華與楊朝棟響應，就趁勢下結論說：「我決定出兵臺灣！馬上叫禮官選擇出兵的日子，我要親自出征。」

臺江內海主要航道圖

16

渡黑水溝

　　永曆十五年（1661 年）三月二十三日，中午，鄭成功親自率領二萬五千名官兵，分乘數百艘船艦，從金門料羅灣出發。鄭成功計劃先攻占澎湖為基地，再乘漲潮，通過鹿耳門，登陸臺灣。

　　鄭成功雖然在東南沿海征戰十幾年，可說是海上長大的男兒，但是，當船隻航入黑水溝後，他也為之震懾。黑水溝墨不見底、無邊無際，水下亂流鼓載船艦，鄭成功實在擔心大軍會迷失方向。

　　「雖然有羅盤定位，但是盤上差之毫釐，海上就差之萬里了。」

　　入夜，鄭成功不能成眠，他站在甲板上，一下子看著天邊微亮的北極星，一下子轉身望向墨

黑的前方。到了下半夜，他不禁回頭問衛兵：「什麼時候才能到達澎湖群島呢？」

「稟告國姓爺，要等到明日中午才會看到西嶼和花嶼＊。」

「看到西嶼，就等於到了澎湖；到了澎湖，就等於到了臺灣了。」鄭成功喃喃自語了一陣子，感到眼皮沉重，他緩緩步下甲板，臨睡前還交代衛兵：「只要東方一白，就叫我起床。」

沒等到東方泛白，鄭成功又急著登上甲板眺望東方了。

「西嶼應該出現在太陽出來的方向。」整個早上，鄭成功焦急的眺望太陽出來的方位，以至於眼睛刺痛難耐，不斷流下淚水，他卻不願休息。

放大鏡

＊花嶼、西嶼　是澎湖群島最西邊的島嶼，鄭成功的船隊由廈門往澎湖開，是由西往東行，會先看到澎湖最西的群島。

接近中午時分，他終於看到天邊一線灰色。

「到了！」鄭成功大喜：「我們到澎湖了！」

下午，大軍抵達澎湖，鄭成功命令各部隊分駐到各島嶼，等候風起再開船。

四日後，大軍向臺灣開航，卻遇到颱風，只好泊回澎湖。沒想到這時又發生缺糧的情形。

原來，何斌先前告訴鄭成功說幾天內就可以抵達臺灣，糧米不虞短缺，所以官兵都僅僅帶五天份的糧食，想不到卻因颱風而受困。

鄭成功立刻派人到澎湖各島尋找糧食，可是澎湖土地貧瘠，幾乎沒有田地種稻米，最後，只徵集到百餘擔的番薯、大麥，還不夠大軍吃一餐。

眼看就要斷炊了，鄭成功當機立斷，傳令開船，決定冒風浪

前進。

這時整個海上霧氣迷漫，白浪洶湧，風雨蒼茫，幾乎看不到前方。中軍船＊的將領馬上跪求鄭成功說：「現在海象這麼差，何必急於這一時？等風雨停了，我們大軍再行動吧！」

鄭成功卻認為缺糧比風雨更可怕，鐵了心說：「如果上天要我平定臺灣，今晚開船後，就會風平浪靜。」

入夜後，船隊航向大海，風浪更大，船隻在巨浪間行進，驚險萬分。

鄭成功心裡暗暗對著上天祈禱：「上天啊！我自出兵以來，在南澳、舟山海上，都曾經被祢痛加懲罰，翻覆的船隻不下百艘，我總是毫無怨言。現在我鄭成功已經無路可退，求祢讓我有一塊

＊中軍船　是戰船隊伍中指揮官所乘的船。

土地安頓這些兵士和百姓吧！」

默禱才剛結束，卻見前方一艘船艦即將被翻滾的浪濤吞沒，整艘船眼看要沉入海底了。突然，那船從巨浪中鑽出，甲板上滿是白濤，一船的士兵，全身溼淋淋的，呼天搶地，有人甚至雙手合十跪地，大聲祈求媽祖保佑。

鄭成功大喊：「別怕！我們會平安到臺灣的，掌好舵，別怕！」

巨濤聲淹沒了鄭成功的喊叫，他只能伸出手臂，握緊拳頭，向前方猛揮。

到了深夜，風雨漸漸和緩了。

鄭成功握緊甲板欄杆，興奮的想：「這一仗我一定會贏！連上天都願意幫助我，我一定會贏。」

四月初一黎明，鄭成功在晨光中看到了臺灣的地平線，他的心情既激動又緊張，早已忘了徹

夜沒睡的疲累。

「我終於要到臺灣了！父親曾在這個島上住了很久。現在我也來了。」

船隊此時已經靠近臺江內海的北口。當時臺江內海是由許多島嶼環圍而成，最南邊連著本島的是七個連珠般的沙洲，由南到北分稱為七鯤鯓到一鯤鯓，像一隻手臂抱著臺江內海的南部，往北隔海的小沙洲島，南稱北線尾，北稱鹿耳門，再往北又有許多沙洲。大船要登陸臺灣，一定得先進入臺江內海；要進臺江內海有兩條航道：一鯤鯓島和北線尾之間是一條港道，稱南港道；鹿耳門和北方沙洲島間有另一條港道，稱北港道，又稱鹿耳門港道。鹿耳門港下海水很淺，港道淤塞，荷蘭人本來設有碉堡防守，後來因颱風倒塌，荷蘭人乾脆把船砸沉水底，讓船隻無法進

出，就不再派兵防守了。當時，一般人認為大船不能進出北港道，南港道便成了主航道。為了控制這入臺咽喉，荷蘭人在南港道南邊的一鯤鯓島上建立了熱蘭遮城，上有大炮，控制了整個臺江的進出。在臺灣本島與熱蘭遮城相對還有一座普羅民遮城＊。這兩座城就是吳豪一再聲稱荷蘭難以攻破的城堡。

鄭成功在出發前已經和何斌就地圖和潮汐狀況詳細討論過，決定由鹿耳門港進入臺江內海。

當天早上，鄭軍船艦航行到鹿耳門溝口，鄭成功換搭小船，登上鹿耳門陸地，探勘地形。然後，回到小船上，設香案向上天祈禱，請求上蒼幫助他讓潮水大

放大鏡

＊普羅民遮城　即今赤崁樓，或作赤嵌樓。但事實上大部分今赤崁樓上的海神廟、文昌閣，並非荷治時期普羅民遮城，原舊城址大都埋藏在樓基下方地底中，仍有待發掘和重現。

漲，使船隻能安全進入臺江。不久，潮水果然大漲。

其實，鄭成功早已知道當日會有大潮，且由何斌處得知大潮時間。待潮水一漲，鄭成功馬上大呼：「這是上天要幫助我們，我們一定會成功！」

鄭軍士氣高昂，鄭成功即刻令何斌坐在嚮導船前頭，教人用竹篙探水深淺，慢慢前進，就這樣，鄭軍三四十艘舢舨航進臺江內海。接著鄭軍分三路，一路由鄭成功帶隊攻打普羅民遮城，一路在鹿耳門登陸，一路停在北線尾外海。

在熱蘭遮城上的荷蘭長官揆一，本來認為鄭軍一定會走南港道，早已命令城上炮手嚴加戒備，怎料鄭軍竟可以由鹿耳門水道進入臺江，不禁驚叫：「鹿耳門水道不是早就不通了，怎麼還能行大船？」急忙命炮手轉向鄭軍射

擊，無奈距離太遠，根本打不到，揆一又急令戰艦攻擊已入臺江的鄭軍先鋒戰船，頭一炮就擊中鄭軍一艘大船，但是，鄭軍並不因此而膽怯，不斷的以五、六艘船圍攻一艘荷蘭船，並且儘量靠近，再用鐵鍊扣住荷艦，近距離肉搏戰或火燒荷艦，最後終於打敗荷艦。

另一方面，鄭軍圍住普羅民遮城，城內守將貓難實叮見鄭軍聲勢浩大，就閉城堅守。鄭成功聽從何斌的建議，先派兵奪取米倉，以防荷蘭人焚燒米糧。

鄭軍很快占領普羅民遮城附近，在荷蘭統治下的漢人看到傳言數年的鄭軍終於到來，都非常興奮，多方協助鄭軍。當晚，熱蘭遮城荷人還暗中派出軍官，到城下的大員街勸說漢人反抗鄭軍，結果，反而挨了漢人的揍。荷蘭人這時才明白，他們雖然統

治臺灣三十幾年，但是，卻沒有贏得民心。

貓難實叮眼見局勢不利，派人向熱蘭遮城求援，揆一則回信說熱蘭遮城兵力不夠，無法支援。

此時鄭軍更切斷了普羅民遮城的水源，並將普羅民遮城圍得水泄不通，單是在城北，就安置了十門的大炮。此外，又加派船隻巡弋臺江內海，阻斷普羅民遮城與熱蘭遮城的連繫。

17

雙方談判

荷方被困，只好派遣代表團來見鄭成功。

荷方代表一開口就說：「我們不懂為何你們大軍殺到我們的土地上來？」

鄭成功以強硬的語氣回說：「臺灣是屬於我大明的。我來這兒的目的，就是要拿回臺灣。」

荷方代表認為臺灣是他們的土地：「福爾摩沙島是你父親簽約同意，將所有權讓給我們的土地。當時，我們荷蘭人用船隻、鮮血、武器，協助令尊打敗海盜李魁奇，使他恢復掌握廈門的勢力，雙方才會締結這份合約。」

荷方並拿出當年鄭芝龍與荷蘭人簽約的協定書。

鄭成功當然知道這一段因緣，但是，他豈會因這一張白紙

就放棄臺灣？他馬上回說：「我對這件事一無所知，這些文書上的字我也無法認定是家父親筆。我現在要你們立刻交出這兩座城，否則，一旦被我用武力攻進城去，我是連婦女、兒童都不會放過的。」

荷方代表想要再談，鄭成功已經不耐煩，就大聲咆哮：「明日早上七時，普羅民遮城如果還不投降，我會用武力攻進去，到時候，不留一個活口。」

終於，普羅民遮城內的荷人在四月四日降下荷蘭國旗，豎白旗投降。兩天後，城內的荷蘭士兵、婦女、兒童、奴隸全部離城。

鄭成功高興的進城，心中不禁雀躍：「上天！感謝祢哀憐我，賜給我這一塊土地，讓反清勢力能安身立命。」

這是自北伐敗戰以來，他心

裡難得的一次舒坦。

普羅民遮城一投降，鄭軍即刻向熱蘭遮城招降，並且派兵包圍。

鄭軍的船艦先開到大員市鎮東方的海上下錨，馬上引起大員街上荷蘭民眾的恐慌，大員當局決定放棄大員街，將荷蘭人和糧食儘速撤入熱蘭遮城，然後緊閉城門。

四月七日，鄭成功親自紮營七鯤鯓，指揮鄭軍進攻大員街，鄭軍分水、陸兩路接近大員街時，熱蘭遮城上炮火如大雨般落下，但是，鄭軍仍英勇挺進，不久，就完全占據大員街。到了大員街的士兵，開始找街角掩蔽物，準備攻擊熱蘭遮城。

鄭成功同時也寫信向揆一勸降，但是，荷蘭人決議死守城堡。

這時熱蘭遮城內有一千七百

餘人，鄭軍則有二萬人以上，從人數來看，鄭軍絕對有利。但是，熱蘭遮城城牆堅固，城內有大炮數十門，威力驚人，鄭軍人數雖多，武器卻簡陋。

然而，鄭成功對於攻下熱蘭遮城深具信心，他盤算著：「普羅民遮城已經投降，大員街也為我所據，現在熱蘭遮城是一座孤城，只要瓦解城內將士的意志，就會投降。」

因此，他不斷寫信勸降揆一，信中威脅利誘道：「如果在我軍炮擊前開城投降，財產悉為你們保有；如果在武力進攻後投降，即使跪地求饒，也要讓你們一無所有。如果城破了，則任何人都性命難保。」

可是，揆一是個頑強的對手，一再的拒絕投降。

鄭成功於是下了最後通牒，並利用半夜，炮轟熱蘭遮城，荷

軍也自城上還擊，雙方戰了一夜，荷軍攻勢猛烈，鄭軍掩護物大都被擊毀，不得不退到大員街裡找掩護。荷軍趁機衝出城奪取鄭軍大炮與武器，並且在大炮口釘入鋼釘，藉以破壞大炮。

這一仗下來，鄭軍死亡逾千人，傷者也多達七、八百人。荷軍卻只有十幾人陣亡，傷者不到五十人。

鄭成功沒有料到熱蘭遮城是一座這麼堅固的城堡，更沒有料到城內荷蘭士兵守城的意志這麼堅定。

「看來，荷蘭人遠從千里而來，並非泛泛之輩。這一場戰爭，恐怕不會這麼快就結束，前幾天，我的想法太樂觀了。」

他請幾個將領來討論攻城的策略，有將領說：「這種蓋在沙洲上的城堡，城內的飲水和糧食一定得靠城外補給，只要圍住它，

久了，城內沒水沒糧，他們就會投降。」

大家都同意：「圍城！緊緊圍住城堡，直到他們投降。」

鄭成功總結說：「現在南風剛開始吹起，要等六個月後東北風起，熱蘭遮城的船隻才可能將消息送到南方巴達維亞總公司，然後，他們得再等六個月，等南風再度吹起，才能派出船艦補給。因此，這座孤城要等到援助，保守的估計至少要半年以上，我們只要嚴密圍城，等到城內的食物、飲水用完，荷蘭人就會投降。」

18 久攻不下

　　鄭成功派兵圍住熱蘭遮城的同時，為了避免荷蘭人和原住民聯手對抗鄭軍，鄭成功馬上派兵深入島內，對各社原住民表達善意，與原住民建立互信的關係。同時，屬行法治，嚴格依法規範文武百官與士兵，使百姓能安居樂業。他也多次派遣船隻回廈門，載運糧食以及將士們的眷屬來臺。隨後，將他們分派到各地屯墾。

　　占有了臺灣，讓鄭成功心裡踏實多了。以前在金門、廈門、銅山、南澳諸島，清軍隨時會跨海攻來，尤其將士家眷都在金廈兩島，打起仗來，總會瞻前顧後。現在有金廈諸島與黑水溝的阻隔，清軍要攻進臺灣，可說是難上加難了。

可是，各地的將領一再來報：「糧食不足了。」

鄭軍攻打普羅民遮城時得了不少米糧，但只夠支撐半個月。鄭成功苦惱著：「金、廈的運米船為什麼還不來？」他幾乎每一天都在盤算著船期，還派人到處搜買糧食，但是所得總是有限。

有將領回報說：「我們官兵每日僅吃二餐，糧食還是不足。」

鄭成功的眉頭深鎖：「這二萬多大軍，加上來臺的眷屬，這麼多人要吃飯，要去哪裡找這麼多米糧？臺灣開發的範圍僅僅在赤崁附近，廈門運米船是救不了我們的，而今之計，只有派兵屯墾一途了。」

鄭成功派出一萬多名士兵到南、北各社去屯墾。行前，鄭成功嚴格命令軍隊開墾荒地時，絕不能侵占原住民或漢人土地，以免產生軍民衝突。

屯墾的士兵一方面要開墾荒地，一方面要訓練備戰，必須耗費大量的勞力，很多士兵因為流行病、水土不服、營養不良，而病死在臺灣，而且從開墾荒地到收成，要經年累月，短期內難以解決糧食問題。

七月中旬，鄭成功看到九艘荷蘭艦隊在海上排開時，簡直不敢相信自己的眼睛，還特別找來貓難實叮詢問，貓難實叮肯定那是作戰的軍艦，不是商船。

鄭成功大驚：「怎麼會這樣？南方的巴達維亞總公司怎麼會知道熱蘭遮城被圍困的消息？」

原來，荷蘭人有一艘船艦在四月初的海戰中逃到外海，竟然逆風航行了五十幾天，到達巴達維亞，告知被圍的消息。巴達維亞的荷蘭長官馬上派遣了救援艦隊，由高雅各帶領七百二十五名士兵，北上救援荷軍。

　　鄭成功馬上調派船艦到臺江內海備戰。隔天，熱蘭遮城派領港員引領支援艦隊入港，雖然鄭軍艦隊加以阻撓，荷軍還是成功的搬運了二千二百磅火藥和補給品上岸，並開炮擊中了一艘鄭軍船艦。

　　後來，因為海上風浪過大加上鄭軍的阻撓，荷軍的支援艦隊在海上漂泊了近一個月，才將所有的士兵與補給運上岸。

　　這時戰事一觸即發，鄭成功感到很大的壓力，鄭軍又大都已派往屯墾區，同時中部的大肚番＊剛好又不服而叛變。

　　「真是諸事不順。」鄭成功感嘆之餘，打起精神，派兵加強普羅民遮城的防禦，並準備大量火

放大鏡

＊大肚番　明鄭時，住在臺灣中部大肚溪一帶的平埔族，有十幾個跨族群的村社組成大肚王國。當時大肚番叛變是因漢人凌辱大肚社民，引起反抗。

船。

不久，鄭成功聽到探子來報：荷軍船艦攻擊泊在臺江中央的鄭軍船艦。鄭成功親自率領戰艦迎戰。荷軍炮火猛轟大員街與鄭軍炮臺，但是風浪太大，以致命中不多。忽然，一艘荷艦上的大炮突然爆裂，船因此擱淺，鄭軍馬上炮火猛轟，將它炸沉。接著，又有兩艘荷艦擱淺，都被鄭軍重創。

這場海戰鄭軍雖然戰勝，死傷卻很慘烈。一些原本歸降的荷蘭人臨陣倒戈，讓鄭軍因此折損不少。

這一仗後，鄭成功對荷蘭人的恨意升高，下令處斬了更多的荷蘭人，鄭營士兵凌虐荷蘭人的情形，也時有所聞。有一些荷蘭婦女，則被強迫分發給鄭軍文武官員為妾。鄭成功還下令處斬了漢布路克牧師＊夫婦。

此後，熱蘭遮城內的荷蘭軍，大都採取守勢，偶爾出兵攻擊，規模也都不大。荷軍也曾試著和清廷結盟，一起打擊鄭軍，但是，清廷要求荷蘭先派艦隊協助攻擊廈門的鄭軍。揆一因此派出艦隊前往福州，結果艦隊在臺灣海峽被風浪吹散，結盟破局。

放大鏡

*漢布路克牧師　(Anthonius Hambroek) 奉鄭成功的命令送信到熱蘭遮城勸降，但他反而鼓勵荷人奮戰到底。他要返回鄭營覆命時，大家苦勸他不要回去送死，但他因妻女被挾為人質，堅決返回鄭營。這個故事後來成為許多版畫、戲曲的素材。

19 傳來噩耗

　　永曆十五年（1161年）十一月，鄭成功正為久攻不下熱蘭遮城而煩躁不已，尤其臺灣已入深秋，蕭瑟的氣息令軍士兵們不免有些意氣消沉。

　　「不管如何，十二月前一定要給熱蘭遮城致命一擊，讓部隊可以安安穩穩的準備過年。」

　　「唉！自從父親投降後，我們全家人就從沒團圓過了。」

　　「父親在北京還好嗎？十五個年頭沒見到他了，不知道他白頭髮是否又多了？母親這十幾年來好嗎？她在天上會不會冷呢？」

　　「這十幾年的變化太大了，讓我覺得好像是一場夢。」

　　這幾天，他每天眺望臺灣海峽，每當有船出現在海面上，他就會緊緊的盯著，等到船上的人

一上岸，就急著打探大陸沿海的消息。

「開始冷了嗎？」

「生意好嗎？」

「船艦都整修了嗎？」

這一次，金廈那邊派來了一名鄭家老堂伯，親自求見鄭成功。

鄭成功接見堂伯，堂伯還沒開口，就哭了：「令尊被殺了。」

「你胡說什麼？」鄭成功大喊。

「韃子在十月初，將令尊與世恩、世蔭、世默以及家屬都處死了。」

「這是韃子故意亂傳的消息，」鄭成功大吼：「他們不敢殺我的父親，這是謠言。」

鄭成功翻倒桌子，發瘋似的捶胸，大聲哀嚎著：「他們不敢殺我父親，誰敢誰敢……」

那天夜裡，鄭成功徹夜哀

鳴，一面哭泣，一面喃喃自語：「當初為何不聽我的勸呀？如果聽我的勸告，怎麼會惹來這樣的殺身之禍！」

他翻來覆去，向北方問了數百遍，徹夜無法成眠。

隔天，鄭成功召見了堂伯，詢問父親被殺的細節，堂伯才又說：「其實，這事之前，韃子採用了叛賊黃梧平海五策＊的建議，令黃梧等人毀我鄭氏祖墳，我鄭家先人五座墳墓被挖起，還慘遭凌辱。」

鄭成功聽了，咬牙切齒，大罵：「我們活著的人有過節，和死掉的人有什麼關係？他們竟然敢和我結下這種不共戴天的大仇，

＊平海五策　是黃梧降清後向清廷建議的政策，目的是要斷絕鄭成功從海上獲得接濟，其要點有：(1)不准人民居住沿海地區；(2)船隻禁止下海；(3)嚴懲與鄭成功互通者；(4)毀鄭氏祖墳；(5)將投誠官兵移往各地墾荒。

有一天若我大軍打回去，不將這些人碎屍萬段，枉費做人世間的大丈夫。」

從此，鄭成功更加鬱悶，常常半夜醒來，悲泣哀嘆。

儘管如此，鄭成功白天仍強打起精神，積極籌劃如何進攻熱蘭遮城，他知道，唯有先占有臺灣，才有他日揮軍西進，復仇的一天。

圍城八個月後，鄭成功下令炮轟烏特勒支堡＊與熱蘭遮城，同時派水軍攻擊停泊在熱蘭遮城碼頭的荷蘭船艦。猛烈炮擊持續一兩個小時後，烏特勒支堡被炸得全垮了，迫使荷軍放棄。

烏特勒支堡被攻破，熱蘭遮城內的荷軍情緒降到谷底。評議會緊急開會決議：「投降！」

荷蘭長官揆一雖然想要再戰，但是，荷軍已無力再戰，評議會也已作成決議，他也只好與

鄭成功談判。

最後，鄭荷終於簽訂了十八條和約，荷蘭軍投降。

永曆十五年十二月三日，鄭成功終於勝利了＊。可是，他沒有喜悅的感覺，他只覺得孤單。

鄭成功選擇攻臺一途，曾備受其他反清盟友的責難，認為他是想要苟安一角。但他不顧責難，堅持率領大軍穿越黑水溝，歷經了近九個月的戰爭，總算攻下了臺灣。

「大家都誤會我到臺灣來是為了苟且偷生，前一段時間永曆皇帝在雲南被韃子追殺，情勢很緊急，張煌言寫信來要我快回去

放大鏡

＊烏特勒支堡　位於熱蘭遮城西南方高丘上，鄭成功會炮轟它，是因為有荷蘭降兵建議，認為占領此堡非常有利於攻擊熱蘭遮城。

＊鄭成功攻下熱蘭遮城後，遷居於此，人稱「臺灣城」、「王城」，現在安平古堡還留有熱蘭遮城殘蹟，但一般民眾登高望遠的安平古堡，是建於日治時期，不是古城。

幫忙，我沒法回去，他一定不會原諒我的。就連韃子將東南沿海的村子毀了，所有的人都被強迫遷走，數十萬人流離失所，大家也都認為是我拋棄了他們。」

「為什麼大家都不了解我的苦心，我選擇了這座島嶼，並不是要苟且偷生，而是要厚植實力，沒有力量，拿什麼和韃子對抗？」

20 經營臺灣

　　鄭成功一入臺灣，就開始規劃治理臺灣的策略。他攻占普羅民遮城之後，就改以臺灣為「東都」，並設一府兩縣。一府就是承天府（今臺南市），兩縣分別為北邊的天興縣（今臺南以北至嘉義、彰化一帶）、南邊的萬年縣（今高雄、屏東一帶），並即派人調查土地使用情形，登記造冊，以便作為進一步徵稅的參考。

　　接著，他頒布八條法令，針對開墾土地可能發生的問題做出規定。鄭成功為了這八條法令，輾轉思考了好多天:「絕對不能讓我的部下強占人民或原住民已開發的土地。」所以他明令禁止文武官員及軍士墾地時雜混有人民土地或強占百姓土地。

他也想到：「官階高的官員會不會把墾地都占了，讓小官、小兵沒有土地可以開墾？」因此他明令官兵必須預先報明一定會開墾的土地大小，獲准後才可開墾。

他還想到：「如果有人太貪心了，沒有節制的破壞山林和海洋呢？」為此，他強調「不可斧斤不時，竭澤而漁。」

這八條法令，正是鄭成功積極開發臺灣的先聲。

荷蘭人投降後，鄭成功終於可以放心的到臺灣各地巡視訪查。當時鄭成功所能統治的住民，除了大陸來的漢人外，更多是原來就住在平原地區的平埔族人。

他與何斌討論巡視的路線，何斌建議：「第一次到各社去，要多帶些人馬，而且要挑勇壯威武的士兵，讓平埔族人知道國姓爺兵力強大，同時要準備煙、布當

禮物，用以安撫他們。」

鄭成功接受何斌的建議，與何斌等人，帶著上千名士兵，巡視了新港、目加溜灣、蕭壠、麻豆、大武壠、他霧里、半線＊等社。

鄭成功第一次接觸平埔族，各社迫於形勢，不得不歡迎他，他很高興。沿路，他發現這片土地上充滿了新鮮的東西。

「檳榔這東西怎麼這麼辣？」

「這片平原的雜草長得這麼高，這裡的土地一定可以種出大番薯與稻米的。」

「臺灣真是一塊世外桃花源！人們這麼善良，土地這麼肥沃，氣候這麼宜人。」鄭成功在歸

放大鏡

＊新港社在今臺南縣新市鄉一帶；目加溜灣社在今臺南縣善化鎮一帶；蕭壠社在今臺南縣佳里鎮一帶；麻豆社在今臺南縣麻豆鎮一帶；大武壠社在今臺南縣玉井鄉一帶；他霧里社在今雲林縣斗六鎮一帶；半線社在今彰化市一帶。

途上想:「難怪福建、廣東沿海的人要一波波往這裡跑，這裡遠比金門、廈門豐饒多了。」

他注意到平埔族各社的農作方式還很原始，就分派每個歸順的部落一名農夫，鐵犁、耙、鋤各一副，成熟的牛一頭。令這名農夫教他們駕牛犁耙，種植收割的方法。平埔族人發現新方法較省力，收穫較多，都很高興。

回到赤崁後，鄭成功馬上下令集合各將領，說明他要推行寓兵於農的屯墾政策，馬上獲得大家贊同。

鄭成功的軍屯政策是以軍隊的組織營鎮為單位，以營鎮的主將為屯墾的首領，率領所屬士兵，攜帶農耕器具與糧食，到各指定地區開墾荒地。這些部隊平時耕種田地，農閒時加強軍事訓練，同時，還可就近維護治安，也讓這些軍士兵深入各地，落地

生根＊。

　　鄭成功並且命令將領的眷屬搬到臺灣來。可是，由於各將領都剛到臺灣不久，對氣候水土還沒辦法適應，軍中有十分之七八的人生病，還有不少人病死，再加上鄭成功喪父後性情越來越暴躁，連吳豪、楊朝棟等有功將領都殺了＊，消息傳到了金廈，使得鄭泰、洪旭、黃廷等將領都不敢來臺灣。

放大鏡

　　＊鄭成功初到臺灣時，臺灣的平埔族人以為鄭軍是他們的救星，紛紛表示歸順。但是，後來鄭氏王朝卻剝削、驅使平埔族人。例如：鄭氏王朝的官田和營盤田，有許多原是平埔族人的土地。又如，鄭氏為了反攻大陸，必須要有龐大的經費，對平埔族人課重稅，使得平埔族人負擔沉重，於是起來反抗。所以，後來有沙轆之役、竹塹之役、新港之役。

＊營鎮分派各地屯田，形成聚落後，就以該營鎮為地名，這些地區就會留下有「營」、「鎮」、「勁」、「協」、「衝」等字尾的地名。例如：臺南縣的林鳳營、左鎮；高雄市的前鎮、後勁、左營、右昌（衝），都是軍事屯墾時留下的地名。

＊吳豪因為劫掠百姓銀兩被處死。楊朝棟因為貪汙，全家被殺。尤其楊朝棟戰功彪炳，極力支持攻臺，卻因為用小斗量米矇騙官兵，因而被殺。

　　鄭成功了解分兵屯墾政策易使士兵無力專注於訓練，為了有效增產糧食，還是要招納更多人民到臺灣。因此，他積極向大陸沿海的居民招手，當時清廷為了剿滅鄭氏，屬行「平海五策」，將沿海的居民都趕到內地，沿海的村莊、田宅都放火焚燒，且將所有的船隻都燒毀了，使得東南沿海的數百萬人民無家可歸，流離失所，其中數萬人渡海來臺灣，找到了生路。

21

壯志未酬

　　鄭成功雖然占有了臺灣，卻仍覺得臺灣還不足以與清廷抗衡，不久，他將焦點對準臺灣南方、西班牙人統治的呂宋島。

　　「如果呂宋歸我管，那麼我就可以掌握整個南海的交通了；控制南海，臺灣前面有金廈，後面有呂宋屏障，就更有保障了。」

　　鄭成功於是派官員與將領率領一支艦隊，由外國神父李科羅帶一封信，一起到馬尼拉去要求對方來朝貢。這封信的口氣傲慢，信中要求對方：

　　「如果你們及早醒悟，每年誠心來我這裡納貢，那麼你們就請神父回來覆命，我會對你們恩澤有加，保你們的王位，並且命令我的商船到你們國家貿易，如你們仍然一味狡詐，那麼我的軍

173

艦馬上就會攻到 ⋯⋯ 」

鄭成功認為自己是大明遺臣，並不把南方小國看在眼裡。

呂宋的西班牙人看到這封無禮的書信，非常生氣。他們主張不惜一戰，並且下手大量屠殺當地華人。

鄭成功聽到呂宋的華人被屠，非常憤怒，大罵：「大膽紅毛番，竟然不聽本藩的話，我會很快讓你們嚐到苦頭。」

他馬上命令大軍，準備南征。

過沒幾天，鄭成功受了一點風寒，他強打起精神不讓疲態表現出來，每天仍然照常接見文武官員，商討事情。

可是，他的心情極度鬱悶，精神已漸漸恍惚。

這一段時間，鄭成功不僅為國事煩憂，也為家事憤悶。

不久前，他接到親家公兵部

尚書唐顯悅寫來的信，信中痛責
鄭成功與長子鄭經。原來，鄭經
和弟弟的乳母私通，生下一子。
鄭經謊報是他與侍妾所生，鄭成
功不知受騙，還大加賞賜。

　　鄭成功讀了信之後大怒，馬
上派人持令箭到廈門，要斬鄭
經、乳母、董夫人及新生兒。可
是眾將領不知道怎麼辦才好，只
殺了乳母與新生兒後，便派人回
臺灣覆命。但鄭成功不滿意，堅
持要殺董夫人和鄭經。

　　金廈的將領不知如何是好，
這時，鄭成功軍中一名將軍犯
錯，剛好回廈門避風頭，謊稱鄭
成功已密令將領帶兵來，一定要
殺董夫人和鄭經，否則罪及監斬
的金廈將領。

　　金廈將領們議論紛紛，都認
為鄭成功精神錯亂了，才會堅持
要殺妻兒。於是，他們決定抗
命，都不肯將家眷遷移到臺灣。

這幾天，鄭成功特別愛登上將臺，看著臺灣海峽，還不時的問旁邊的侍從衛士：「金廈有船來嗎？」

「沒有。」每次的答案都是如此。

「為什麼？難道說金門、廈門的那些將領都要背叛我了嗎？」

終於有一天，大將黃安忍不住回話：「金門、廈門那邊不會有船來的。韃子為了打敗國姓爺您，可說用盡了手段，他們最後的目的就是要大家背叛您。尤其大家說您對兒子、家人都那麼殘忍，對其他人就更不用說了！希望您不要再疑神疑鬼，否則這樣下去，會眾叛親離呀！」

鄭成功沒有聽完這段話，就痛苦異常，抱頭狂奔。

從此，鄭成功臥病不起。

永曆十六年五月八日下午，鄭成功穿戴好衣冠，捧讀《太祖

祖訓》，每讀一頁就喝一杯酒，到了第三頁時，侍從調好了藥拿進來，鄭成功把藥丟到地上，長嘆說：「自從韃子入侵我大明，國家飄零，我帶兵復明十七年，想不到竟然一事無成，連收復一塊根據地也沒有；現在躲在這個荒僻的小島，馬上就要離開人世了，自覺忠孝兩方面都有愧世人，死了也不願瞑目。天啊！祢為何讓我走到這樣的地步呢？」

他雙手用力抓著臉，說：「我死後，沒有面目去見先帝。」

就這樣，鄭成功懷著滿腔悲憤，與世長辭。得年三十九歲。他在臺灣僅僅住了十四個月又七天。

鄭成功死後，葬於現在臺南縣永康市鹽行里。三十八年後，清康熙皇帝御准鄭成功的遺骸遷葬回故里福建省南安縣石井鄉。

鄭成功去世後，臺灣人民感

念他的功績與精神，就立廟奉祀他，卻擔心清朝反感，而以「開山王廟」稱呼。到了清同治十三年(1874年)，當時欽差大臣沈葆楨來臺，深入民間，了解民意後，上疏朝廷，奏請建祠，後來將「開山王廟」擴建，定名為「明延平郡王祠」。

　　沈葆楨在延平郡王祠蓋好時，手寫了一副楹聯，掛於祠中：

開千古得未曾有之奇，洪荒
留此山川，作遺民世界。
極一生無可如何之遇，缺憾
還諸天地，是創格完人。

　　鄭成功出生於日本，茁壯於大陸，逝世於臺灣。既能文，又能武；既有海洋的視野，又有大陸的胸襟；既能守護舊朝，又能開創新局；既精於戰事，又善於

政務；既抗清，又抗荷；既勝又
敗；既得又憾。終其一生，如洶
湧波濤，蒼茫無際。世人對於他
的是非功過，還會有討論不完的
話題。

鄭成功

小檔案

1624 年　　出生於日本。

1631 年　　隨父親鄭芝龍回到中國。

1642 年　　娶董氏，同年 10 月 2 日生一子鄭經。

1644 年　　李自成攻入北京，明崇禎皇帝自縊。此時，入南京國子
　　　　　　監，拜錢謙益為師。

1645 年　　8 月獲南明唐王賜明朝國姓朱，人稱「國姓爺」。

1646 年　　父親鄭芝龍降清。

1649 年　　永曆帝封為「延平郡王」。

1650 年　　據金門、廈門，對抗滿清。

1656 年 　 明令禁止中國大陸與臺灣之間的貿易。

1661 年 　 自廈門興兵，東進臺灣。4 月 4 日普羅民遮城先降；12

月，荷蘭人正式投降。

1662 年 　 病逝臺灣。

獻給孩子們的禮物

「世紀人物100」

訴說一百位中外人物的故事

是三民書局獻給孩子們最好的禮物！

◆ 不刻意美化、神化傳主，使「世紀人物」更易於親近。

◆ 嚴謹考證史實，傳遞最正確的資訊。

◆ 文字親切活潑，貼近孩子們的語言。

◆ 突破傳統的創作角度切入，讓孩子們認識不一樣的「世紀人物」。

兒童文學叢書

文學家系列

每一個文學家的一生，都充滿了傳奇……

「文學家系列」，

邀您進入文學大師的祕密花園！

榮獲第五屆
人文類小太陽獎

震撼舞臺的人
戲說莎士比亞

愛跳舞的女文豪
珍‧奧斯汀的魅力

醜小鴨變天鵝
童話大師安徒生

怪異酷天才
神祕小說之父愛倫坡

尋夢的苦兒
狄更斯的黑暗與光明

俄羅斯的大橡樹
小說天才屠格涅夫

小小知更鳥
艾爾寇特與小婦人

哈雷彗星來了
馬克‧吐溫傳奇

解剖大偵探
柯南‧道爾vs.福爾摩斯

軟心腸的狼
令孩子著迷的傑克‧倫敦

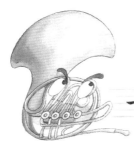

音樂家系列

沒有音樂的世界，我們失去的是夢想和希望……

每一個跳動音符的背後，到底隱藏了什麼樣的淚水和歡笑？
且看十位音樂大師，如何譜出心裡的風景……

由知名作家簡宛女士主編，邀集海內外傑出作家
與音樂工作者共同執筆。平易流暢的文字，活潑
生動的插畫，帶領小讀者們與音樂大師一同悲
喜，靜靜聆聽……

國家圖書館出版品預行編目資料

黑水溝的領航者：鄭成功 / 姜天陸著;簡志剛繪.－－
初版四刷.－－臺北市：三民，2018
面；　　公分.－－(兒童文學叢書 / 世紀人物100)

ISBN 978-957-14-4848-0　(平裝)

1.(明)鄭成功 2.傳記 3.通俗作品

782.869　　　　　　　　　　　　　　96015489

© 　黑水溝的領航者：鄭成功

著 作 人	姜天陸
主　　編	簡　宛
繪　者	簡志剛
發 行 人	劉振強
著作財產權人	三民書局股份有限公司
發 行 所	三民書局股份有限公司
	地址　臺北市復興北路386號
	電話　(02)25006600
	郵撥帳號　0009998-5
門 市 部	(復北店)臺北市復興北路386號
	(重南店)臺北市重慶南路一段61號
出版日期	初版一刷　2007年11月
	初版四刷　2018年1月修正
編　　號	S 781500

行政院新聞局登記證局版臺業字第○二○○號

有著作權‧不准侵害

ISBN　978-957-14-4848-0　　(平裝)

http://www.sanmin.com.tw　三民網路書店